AF321019

DÉFENSE

DU

DROIT DE PROPRIÉTÉ

Décrets du 22 Janvier 1852.

DÉFENSE
DU DROIT DE PROPRIÉTÉ

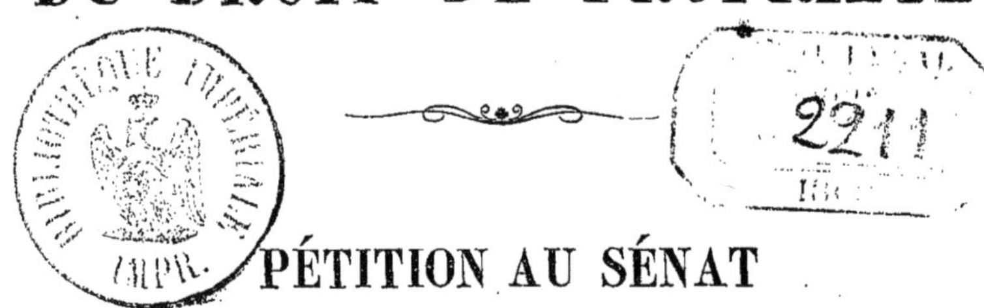

PÉTITION AU SÉNAT

PAR

M. DEGOUVE DENUNCQUES

ANCIEN PRÉFET

PARIS

A. SAUTON, LIBRAIRE-ÉDITEUR

8, RUE DES SAINTS-PÈRES, AU PREMIER

1869

DÉFENSE

DU

DROIT DE PROPRIÉTÉ.

Une pétition récemment adressée au Sénat et qui, en raison de l'importance des questions qu'elle soulève, a été annoncée par tous les organes de la presse indépendante, a ramené l'attention du public sur les décrets du 22 janvier 1852.

Le premier de ces décrets, plaçant les princes et les princesses de la famille d'Orléans en dehors du droit commun, leur interdisait de posséder aucuns meubles et immeubles en France, et leur imposait l'obligation de vendre, dans le délai d'une année, tous les biens qui leur appartenaient dans l'étendue du territoire de la République. Le second ordonnait le retour à l'Etat des biens que, par une donation en date du 7 août 1830, l'avant-veille du jour où il devait accepter la couronne, Louis-Philippe avait attribués à ses enfants.

Personne de ceux qui avaient l'âge d'homme en 1852 n'a encore oublié une mesure contre laquelle, malgré l'état de siége qui imposait alors silence à tant d'esprits terrorisés, la France intelligente et honnête devait protester avec une vivacité tellement prévue qu'aucun des ministres ne consentit à la contre-signer, et que plusieurs d'entre eux, pour ne pas paraître en accepter la responsabilité, crurent devoir se retirer, au risque d'amener une sorte de dislocation dans le gouvernement.

En effet, le jour même où le *Moniteur* annonça la grave atteinte portée au principe de la propriété par le décret qui ordonnait l'attribution à l'Etat de la plus grande partie du patrimoine de la famille d'Orléans, M. de Morny tint à prouver que s'il n'avait rien fait, quatre ans auparavant, pour s'opposer au renversement d'une dynastie à laquelle on le croyait dévoué, il se souvenait au moins, au jour où l'illégalité s'exerçait contre elle, de la bienveillance qu'elle lui avait toujours témoignée, et il quitta le ministère de l'intérieur, sans se demander s'il n'allait pas ébranler, par sa retraite, un pouvoir qui sortait à peine des luttes et des violences au milieu desquelles il avait pour sa bonne part contribué à l'élever. MM. Fould, Magne et Rouher, comme M. de Morny, ministres de la première heure du Président-Dictateur, suivirent l'exemple que leur collègue leur donnait, et il fallut même, a-t-on assuré depuis, toute l'autorité qu'avait le prince Louis-Napoléon Bonaparte sur le général Saint-Arnaud, son ministre de la guerre, pour l'empêcher d'en faire autant.

M. Dupin, dont l'attitude le 2 décembre avait péniblement impressionné l'opinion, sembla vouloir se relever en abandonnant son siége de procureur général à la Cour de cassation pour se joindre à M. Laplagne-Barris, au duc de Montmorency, au comte de Montalivet et à M. Scribe, comme lui, exécuteurs testamentaires de Louis-Philippe, qui protestèrent et demandèrent des juges.

Le chef de l'Etat ne parut pas s'émouvoir de ces démissions. Il donna pour successeur à M. Dupin, M. Delangle (1). Il appela au ministère de la justice, en remplacement de M. Rouher, un ancien député de la gauche dynastique, M. Abattucci, qui, sous le gouvernement de Juillet, s'était prudemment refusé à toutes relations personnelles et directes avec le prisonnier de Ham ; — au ministère des finances, en remplacement de M. Fould, M. Bineau, que le ministre démissionnaire avait lui-même désigné, comme s'il n'eût voulu laisser arriver à sa place qu'un intérimaire ; — au ministère des travaux publics, en remplacement de M. Magne, qui d'ailleurs se laissa nommer trois jours après à une présidence de section au conseil d'Etat, M. Lefebvre-Duruflé.

Le conseil d'Etat, bien qu'il eût été reconstitué à la suite de la victoire remportée dans Paris le 4 décembre, et formé des hommes les plus décidés à s'associer à la politique

(1) M. Delangle appartenait, comme M. Dupin, au conseil privé des princes. Au moment de la publication des décrets au *Moniteur*, il fut convoqué à une réunion de ce conseil. On l'attendit vainement. On ne reçut de lui qu'une lettre par laquelle il faisait connaître qu'il venait d'être nommé procureur général à la Cour de cassation.

nouvelle qui venait de s'imposer à la France, ressentit pareillement le contrecoup de l'émotion publique, et ce contrecoup fut assez fort pour que l'un de ses membres, M. Vuitry, après avoir fait connaître ce qu'il pensait de ces décrets, crût devoir donner pour sanction à sa protestation une démission motivée.

Un ancien procureur général à la Cour royale de Paris, un ancien ministre de la justice sous Louis-Philippe, un ancien président de la commission des monnaies, un ex-pair de France, qui, à la suite de la tentative de Boulogne, avait présenté à la Cour des Pairs le rapport de la commission d'instruction et avait qualifié avec les paroles les plus vives et les plus amères l'esprit d'aventures auquel s'étaient abandonnés pour la seconde fois les auteurs du complot, M. Persil enfin, qui plus tard siégea au Sénat, remplaça M. Vuitry.

Un homme qu'on avait laissé au second rang au moment du coup d'Etat, bien qu'il en eût été le principal instigateur, M. Fialin de Persigny, devint ministre de l'intérieur, et put enfin montrer officiellement tout le dévouement qui était en lui et que, depuis longtemps déjà, il avait résumé dans une devise empruntée à ce généreux roi de Bohême qui vint mourir à Crécy pour la cause de la France : *Je sers.*

Quel avait été le motif des démissions données? Quelle devait en être la portée?

L'avenir était encore bien incertain. Et comment ne l'aurait-il pas été à la suite d'événements qui avaient si brusquement changé toutes les institutions de notre pays! Sans doute le Prince-Président s'était proclamé absous par le plébiscite du 20 décembre ; mais pouvait-on garantir que son heureuse étoile ne l'abandonnerait pas, et que la dictature dont il venait de s'armer, non pas seulement contre le parti républicain, mais contre le parti libéral lui-même, ne l'entraînerait qu'à des actes que la France, si dominée qu'elle pût être par la crainte d'une révolution nouvelle, se résignerait à accepter?

N'était-il pas prudent et habile, dès lors, de donner aux représentants d'une dynastie que le pays pouvait rappeler, un souvenir et un témoignage de sympathie? La démission de MM. de Morny, Fould, Rouher, Magne et Vuitry, n'eut peut-être ni une autre cause ni un autre but? Quant à sa portée, elle fut très-limitée. Trois jours après sa protestation impérieusement commandée par son passé, M. Magne, ainsi que nous l'ayons dit plus haut, rentrait dans la vie publique par la porte du conseil d'Etat. M. Rouher, en suivant l'exemple de M. de Morny, attendait à peine un délai de quinze jours pour accepter, comme M. Magne, une présidence de section. M. de Morny se tenait à la disposition du futur empereur pour une grande ambassade. M. Fould est mort sénateur, après avoir repris deux fois le portefeuille de ministre des finances ; M. Dupin a eu le même sort, après être remonté sur son siége de procureur général à la Cour de cassation, et M. Vuitry est aujourd'hui président du Conseil d'Etat, avec le titre de ministre et une influence considérable dans la direction des affaires législatives.

Les démissions données n'avaient été qu'une précaution en vue d'éventualités possibles. Mais, après s'être ainsi mis en règle avec l'avenir, on n'avait pas tardé à s'apercevoir que si le gouvernement sorti du coup d'Etat pouvait tomber, il pouvait aussi avoir de la durée, et que par conséquent il était sage de de ne pas s'interdire longtemps la satisfaction de se mettre à son service.

Nous avons rappelé ces faits parce qu'ils nous autorisent à constater que si la réprobation causée par les décrets du 22 janvier avait été quelque peu factice et intéressée dans le monde officiel, elle avait été, au contraire, très-sérieuse au sein de cette haute bourgeoisie à laquelle, de tout temps, a appartenu, dans une si large mesure, la direction de l'esprit public. On avait très-vivement protesté, dans ses rangs, contre un acte qui créait le plus funeste des précédents. Un pas venait d'être fait sur un terrain qui conduisait par une pente irrésistible au rétablissement de la confiscation. Après avoir frappé une dynastie tombée, proscrite et par cela même à peu près impuissante à se défendre, après avoir porté atteinte au principe dé la propriété contre les membres de la famille d'Orléans, on pouvait ne pas le respecter davantage dans la personne de ceux qui, pendant dix-huit ans, étaient demeurés attachés à la fortune de cette famille. Une brèche était ouverte, on pouvait l'agrandir ; on y était passé une première fois, on pouvait se croire assez puissant pour y passer une seconde.

Dix-sept ans se sont écoulés, et plus d'une fois ces actes

de la politique dictatoriale ont été rappelés. Ils ont été défendus, à l'origine, par un homme dont nous ne voulons même pas écrire ici le nom, qui avait été, plus qu'aucun autre peut-être, comblé de faveurs par le gouvernement de Louis-Philippe, et qui, depuis, a été l'une des colonnes de l'Empire; mais personne aujourd'hui n'oserait s'en faire l'avocat. Le journal qui, en 1852, se signala entre tous par l'apologie des décrets du 22 janvier, le *Constitutionnel*, ne pousserait plus certainement le dévouement jusqu'à les soutenir encore. Tant il est vrai que la violence n'a qu'un temps, et que ce qui se fait contre le droit est fatalement condamné à être un jour ou l'autre désavoué par la conscience publique.

Les circonstances étaient donc favorables pour remettre la question à l'ordre du jour, et ce qui donne plus de portée à la protestation nouvelle qui vient de retentir, c'est que l'initiative de cette protestation a été prise par un homme qu'une carrière déjà longue et consacrée tout entière, sans défaillance d'un seul jour, au service de la même cause, autorise sans doute à ranger parmi les défenseurs du droit, mais qui n'a jamais compté parmi les amis du gouvernement que la révolution du 24 février 1848 a renversé.

La pétition soumise en ce moment au Sénat obligera cette assemblée à dire ce qu'elle pense d'un acte que l'histoire qualifiera un jour avec toute la liberté et toute la sévérité d'appréciation qui lui appartiennent. Mais, à côté du jugement officiel dès maintenant provoqué par cette pétition, il est bon que l'opinion publique elle-même soit mise à même de se prononcer, et c'est pour lui en donner les moyens que nous allons placer sous les yeux de tous les hommes qui voudront s'éclairer sur ce point le texte même de la pétition adressée au Sénat et de très-curieux documents destinés à mettre en lumière les sentiments d'équité auxquels son auteur a obéi en la rédigeant et en la signant.

PÉTITION AU SÈNAT

Paris, le 16 janvier 1869.

MESSIEURS LES SÉNATEURS,

Le 17 mai 1852, cinq mois après un coup d'État qui avait eu pour conséquence la concentration, entre les mains d'un seul homme, d'un pouvoir presque sans limites, — à une époque où la grande majorité du pays, pour qui la lumière ne devait pas se faire de sitôt, semblait n'attendre son salut que du Prince qui s'était emparé de ce pouvoir, — j'eus l'honneur d'appeler votre attention sur une acte des plus graves qui s'était accompli à la faveur du régime de la dictature et qui avait profondément ému la conscience publique.

L'une des premières pétitions dont le Sénat fut saisi était ainsi conçue :

A Messieurs les membres du Sénat.

Paris, le 17 mai 1852.

MESSIEURS LES SÉNATEURS,

La constitution (article 45) donne aux citoyens le droit de vous adresser des pétitions. Elle vous donne à vous (article 29) celui d'annuler tous les actes qui pourraient vous être dénoncés comme inconstitutionnels par ces pétitions.

Dans la proclamation au peuple français, qui sert de préambule au nouveau pacte fondamental, M. le président reconnaît lui-même ce droit d'annulation de *tout acte arbitraire et illégal,* droit qui vous assure, suivant ses propres paroles « cette considération qui s'attache à un corps politique exclusivement occupé de l'examen de grands intérêts ou de l'application de grands principes. »

J'use, Messieurs les sénateurs, du droit qui m'appartient pour venir dénoncer comme inconstitutionnels deux décrets rendus à la date du 22 janvier dernier. J'espère que vous userez, vous, du vôtre, pour annuler des actes entachés d'arbitraire et d'illégalité, et qui portent en outre une grave atteinte au principe même de la propriété.

Si élevée que soit la sphère où l'auteur de la constitution a voulu vous placer, les bruits de l'opinion arrivent encore jusqu'à vous, et quand il se produit au sein du pays une grande et légitime émotion, vous n'êtes pas sans en recevoir le contre-coup et sans la ressentir vous mêmes. Ce serait donc vous faire injure que de supposer que vous n'avez pas été profondément et douloureusement impressionnés comme l'immense majorité de la nation, lorsque le *Moniteur* vous a appris, le 23 janvier, que, par deux décrets signés la veille, M. le président de la République ordonnait aux membres de la famille d'Orléans de vendre, dans le délai d'un an, tous les biens personnels qu'ils possédaient en France, en même temps qu'il attribuait à l'Etat la propriété des biens meubles et immeubles transmis, en vertu d'une donation du 7 août 1830, par le duc d'Orléans à ses enfants. Ces décrets, est-il besoin de vous le rappeler, surprirent la France autant qu'ils l'affligèrent. Elle n'avait jamais eu la pensée de poursuivre dans l'exil une famille dont elle avait renversé ou laissé tomber le chef en 1848, et d'aggraver ainsi pour elle les rigueurs de la proscription. Elle s'étonna de mesures qu'aucun grand intérêt national ne semblait commander ; elle s'affligea surtout de ce que, par de telles mesures, on blessait ces sentiments de générosité qui sont pour un peuple son plus glorieux privilége, et qui n'avaient pas été méconnus, après le 24 février, dans l'exaltation et dans les entraînements qui suivent toujours une révolution.

Contester cette explosion de la conscience publique, par laquelle furent accueillis les décrets du 22 janvier, ce serait vouloir nier l'évidence. Il se rencontra même, et c'est un point important à constater, parmi les amis de M. le président de la République, des hommes qui semblèrent s'associer à cette manifestation de la pensée du pays, puisque le chef de l'État ne trouva pas dans son conseil un seul ministre qui consentît à contresigner ses résolutions ; puisque trois d'entre eux préférèrent donner leur démission plutôt que d'accepter, aux yeux de la France et de l'Europe, la moindre responsabilité dans des actes qu'il ne leur était pas possible d'approuver.

De rares organes de la presse essayèrent de justifier ce que la conscience de chacun condamnait. Efforts inutiles ! la désapprobation avait été trop spontanée, elle était trop générale pour que cet essai de justification pût changer l'opinion et lui faire regarder comme légitime ce qu'elle avait jugé exorbitant.

En vain prétendrait-on que la dictature, dont M. le Président de la République s'était emparé à la suite du coup d'État heureux du 2 décembre, lui donnait le droit de rendre les décrets du 22 janvier. La dictature elle-même a ses limites. Au lieu d'être, comme on l'a appelée dans cette dernière circonstance, un instrument de salut et d'ordre, elle ne serait plus qu'un instrument de tyrannie et d'anarchie, s'il était permis à celui qui l'exerce de fouler aux pieds

toutes les lois, toutes les notions de la morale et de la justice, et
de se considérer comme le maître souverain d'un pays, sans avoir
à compter avec aucun de ces grands principes qui sont antérieurs
et supérieurs aux institutions comme aux volontés humaines, et
défendent les intérêts qu'ils abritent même contre le despotisme
le plus violent et le plus implacable.

En vain dirait-on que les décrets du 22 janvier doivent être
oubliés comme une faute qui appartient au passé, et dont il n'y a
pas plus à se préoccuper pour le présent que pour l'avenir. Erreur
funeste, et dont les conséquences, messieurs les sénateurs, doivent
frapper les hommes sages et attirer leurs méditations. Ces décrets,
si l'on persiste à en poursuivre l'exécution, seront pour le pouvoir
comme une pierre d'achoppement qui occasionnera sous ses pas des
chocs et des embarras incessamment renouvelés. N'avez-vous pas
vu tout récemment la magistrature insultée avec une audace qui
est demeurée impunie, parce que, appelée à connaître d'un incident
qui se rapportait à cette exécution, elle avait rendu une décision
qui semblait être un commencement de protestation contre des actes
qu'elle se réservait de juger ultérieurement. N'avez-vous pas vu
ce tribunal, dont la juridiction avait d'abord été acceptée, dessaisi
avec une sorte d'emportement, parce qu'on espérait sans doute
trouver ailleurs des juges moins rigides ? Croyez-vous que le gouvernement ait intérêt à donner un pareil spectacle au pays ? Croyez-
vous que son influence s'en accroisse, que sa considération en soit
agrandie ? Et pourtant, à chaque pas nouveau qu'on tentera de
faire dans l'application de ces fâcheux décrets, des difficultés semblables se présenteront. Et il en doit être ainsi, car il n'y a pas de
force humaine assez grande pour pervertir les principes et mettre
ce qui a été, ce qui sera éternellement faux à la place de ce qui a
été, de ce qui sera éternellement vrai.

C'est là, Messieurs les sénateurs, ce qui m'a décidé à venir soumettre la question à vos lumières. Je me contente d'appeler la
cause à votre tribunal, je ne la plaide pas. Si elle avait besoin d'a-
vocat, elle en trouverait très-certainement dans un corps politique
qui compte en si grand nombre des hommes que le roi Louis-
Philippe a comblés. Et si j'invoque ici ce souvenir tout personnel à
beaucoup d'entre vous, ne croyez pas que je veuille pour cela chercher à réveiller ces sentiments de reconnaissance qui survivent,
dans tous les cœurs honnêtes, à la ruine des gouvernements qu'ils
ont servis et dont ils ont reçu puissance, fortune, dignités. Je ne
veux m'adresser qu'à votre justice, j'aime à croire qu'elle m'en-
tendra.

Une semblable question, messieurs les sénateurs, demande à
être appréciée non point avec ces passions qui sont passagères
comme la politique qui les fait naître et qui les emporte, mais avec
cette haute raison, éternelle comme les principes d'équité d'où elle
émane, et divine comme Dieu qui l'inspire aux hommes. Consi-

dérez, d'ailleurs, que dans un pays, qui, depuis soixante-ans, a été témoin de révolutions si extraordinaires, et qui voit aujourd'hui placé à sa tête celui-là même qui fut condamné à la prison perpétuelle dans l'enceinte où vous siégez, il est sage, tout en appelant de ses vœux la stabilité et en y travaillant, de ne pas laisser à ceux que les événements pourraient un jour investir du pouvoir, le droit de s'autoriser, pour marcher dans les voies de l'arbitraire et de la violence, des errements du passé. Les décrets du 22 janvier ont rappelé un mot que les précédentes constitutions avaient rayé de nos codes, laissant ainsi à chaque citoyen, sous quelque drapeau qu'il marchât, qu'il fût l'adversaire ou l'ami du gouvernement, la libre disposition de ses biens comme de sa personne. Faites, messieurs les sénateurs, que l'Europe ne soit pas autorisée, donnant aux actes de M. le président de la République un caractère qu'ils n'ont pas pu avoir, à dire que la *confiscation* a été rétablie en France, qu'elle l'a été contre une dynastie renversée, contre un trône brisé, contre une famille à laquelle ses malheurs donnaient un genre de grandeur digne de tous les respects, sans que le premier corps politique de l'État s'en soit ému, et sans qu'il ait cru devoir user du droit que la constitution elle-même lui donnait de *faire justice*.

J'ai l'honneur d'être, etc.

Degouve Denuncques.

Quel fut le sort de cette pétition ? Au moment où, confiant dans l'indépendance aussi bien que dans l'équité du Sénat, je la lui adressai, il délibérait, comme aujourd'hui, à huis-clos. La publicité n'était assurée à ses débats, comme elle l'a été depuis, ni par un compte-rendu sténographique inséré au *Moniteur*, ni par un compte-rendu analytique communiqué aux journaux à la suite de chaque séance. Lorsque vous aviez statué sur une pétition, votre secrétaire ne prenait pas encore la peine d'informer son auteur de la décision à laquelle elle avait donné lieu.

J'ai donc toujours ignoré, Messieurs les sénateurs, ce qui a pu se passer à l'occasion de la pétition dont j'ai ci-dessus replacé le texte sous vos yeux. A-t-elle été l'objet d'un rapport ? Quelles ont été les conclusions de ce rapport ? Ces conclusions ont-elles provoqué une discussion, un vote au sein du Sénat ?

N'a-t-on pas bien plutôt déposé ma protestation au fond de quelque carton pour échapper à l'embarras d'avoir à aborder les questions délicates qu'elle soulevait ?

Je n'ai jamais été fixé sur ces différents points, et je n'ai pas eu l'indiscrétion de solliciter des explications qui probablement d'ailleurs m'eussent été refusées.

Toutefois, comme j'avais en 1852, ainsi que je l'ai encore en 1869, le droit d'appeler le Sénat à délibérer sur un acte qui m'avait paru condamnable au point de vue de la constitution et des lois, au point de vue de la justice, au point de vue d'une politique loyale et digne d'un pays qui a pu subir, à certaines époques, des violences et des énormités, mais qui ne leur a jamais donné son adhésion, vous ne serez pas surpris, messieurs les sénateurs, aujourd'hui qu'au silence trop longtemps imposé à la France a succédé un régime légal de discussion qui permet de demander compte du passé, vous ne serez pas surpris, dis-je, que je vienne vous placer de nouveau en présence d'une décision rendue arbitrairement il y a dix-sept ans, et qui, bien qu'elle ait été matériellement exécutée, n'a pas pour cela pris rang parmi les faits accomplis et contre lesquels il n'y a plus rien à dire.

Si M. de Morny et M. Fould, qui, au moment où furent signés les décrets du 22 janvier, préférèrent, malgré leur attachement au prince Louis-Napoléon Bonaparte, donner leur démission de ministre plutôt que d'accepter la responsabilité de ces décrets devant l'histoire, ne siègent plus sur vos bancs, M. Rouher, qui tint la même conduite, et que cette conduite honora, est encore vivant, et s'il me fallait un avocat pour plaider la cause que j'appelle pour la seconde fois devant vous, sa parole aussi éloquente que convaincue ne me ferait certainement pas défaut.

Les considérations que je faisais valoir en 1852, pour obtenir l'annulation d'un acte que vous ne sauriez approuver, n'ont rien perdu de leur autorité. Ce qui est vrai dans un temps l'est pareillement dans un autre ; le juste est toujours le juste, et il n'y a pas de prescription contre le droit. Qui oserait dire que si les décrets du 22 janvier étaient encore à faire, l'Empereur en prendrait l'initiative, qu'il les soumettrait, sous forme de projet de loi, au Corps législatif, que cette assemblée les voterait, et que vous-mêmes, messieurs les sénateurs, vous seriez unanimes pour ne pas vous opposer à la promulgation de la loi qui consacrerait une telle spoliation ?

Je demande donc avec instance, je le demande au nom de ces sentiments d'honnêteté auxquels il est plus que temps de donner satisfaction :

1° Que les décrets dictatoriaux du 22 janvier, qui ont enlevé aux princes et aux princesses de la famille d'Orléans une partie de leur patrimoine, soient rapportés ;

2° Qu'il soit fait état des sommes qui sont indûment entrées dans le trésor public par suite de la mise à exécution de ces décrets ;

3° Que ces sommes, avec les intérêts y afférents, soient restituées aux ayants droit.

La réparation à laquelle je vous prie de vous associer nous imposera, je le reconnais, un assez lourd sacrifice ; mais croyez bien que ce n'est pas dans un pays comme le nôtre qu'on se plaindra jamais d'avoir à s'imposer des sacrifices pour effacer une tache et mettre fin à une injustice. La France a dans son histoire des traditions de probité et d'honneur qui me permettent d'affirmer qu'elle sera heureuse de donner au monde civilisé un tel spectacle et de se grandir ainsi dans son estime et dans ses sympathies.

J'ai l'honneur d'être, messieurs les sénateurs, avec une respectueuse considération,

Votre très-humble et très-obéissant serviteur,

Degouve Denuncques.

M. Degouve Denuncques, ainsi qu'on vient de le voir, avait tenté, dès le mois de mai 1852, d'user du droit de recours que la constitution reconnaissait aux citoyens, et dont l'exercice devait être entendu d'une façon d'autant plus large qu'elle les plaçait en présence d'un pouvoir plus concentré et par conséquent plus exposé à commettre des fautes. Invoquant cette constitution qui permettait de s'adresser au Sénat toutes les fois qu'on croyait avoir un grief à relever, un principe à proclamer, une vérité à faire entendre, il avait saisi cette assemblée de l'examen des questions que soulevaient les décrets du 22 janvier, et il l'avait mise en demeure d'en délibérer.

L'intervention du pétitionnaire était de tout point régulière et constitutionnelle. Si elle s'expliquait et se justifiait par la gravité de l'atteinte que les décrets avaient portée au principe de la propriété, elle ne se recommandait pas moins à l'attention et à la bienveillance du Sénat par la modération même de la pétition qui lui était soumise.

M. Degouve Denuncques chercha ensuite à saisir l'opinion publique, comme il avait saisi le Sénat, en portant à sa connaissance, par la voie des journaux français, non pas le texte même de sa pétition, mais le simple fait de son envoi à l'assemblée qui avait seule qualité pour la recevoir. Annoncer ce fait à un pareil moment, c'eût été sans doute pour les journaux, en raison du pouvoir illimité qui présidait alors aux rapports du gouvernement avec la presse, s'exposer à un véritable péril, car, après des démarches sans résultat auprès des rares journaux de Paris dont il pouvait espérer le concours, M. Degouve Denuncques dut s'adresser à la presse étrangère pour faire constater par elle l'existence de sa pétition et lui donner ainsi une date certaine. Imprimée à Londres aussi bien qu'à Bruxelles, la pétition ne réussit pas à franchir la frontière où, alors comme aujourd'hui, la douane politique faisait bonne garde ; mais son acte de naissance avait été enregistré, et cela n'était pas inutile en prévision du silence que le Sénat pouvait garder.

Ce silence, qui est, jusqu'à ce jour, demeuré inexpliqué, donnait à M. Degouve Denuncques le droit, aussi bien qu'il lui en imposait l'obligation, de reproduire sa première pétition du 17 mai 1852. La commission du Sénat qui aura à l'examiner et à formuler les conclusions que cet examen lui inspirera, ne pourra donc se dispenser de rechercher et de dire ce qui a été fait à son sujet. Cela permet de conserver l'espoir que ses explications démontreront qu'à aucune époque le Sénat n'a méconnu les garanties que l'article 45 de la constitution donne aux citoyens, et que s'il a quelquefois repoussé par la question préalable ou par l'ordre du jour des pétitions qui, selon lui, devaient être frappées d'un discrédit aussi sévère, il ne s'est jamais cru investi de pouvoirs qui lui permissent de refuser à une pétition même cette simple mention nécessaire pour que le public demeure convaincu que le droit de pétition est pris au sérieux par le seul corps politique auprès duquel il puisse s'exercer.

Cette observation devait précéder la reproduction des décrets qu'on va lire, et dont les considérants aussi bien que les articles méritent d'être médités par tous les hommes qui voudront s'éclairer sur des actes qui, de si loin qu'ils datent déjà, attendent encore une réparation.

DÉCRETS DICTATORIAUX DU 22 JANVIER 1852.

PREMIER DÉCRET.

Le Président de la République,

Considérant que tous les gouvernements qui se sont succédé ont jugé indispensable d'obliger la famille qui cessait de régner à vendre les biens meubles et immeubles qu'elle possédait en France ;

Qu'ainsi, le 12 janvier 1816, Louis XVIII contraignit les membres de la famille de l'empereur Napoléon de vendre leurs biens personnels dans le délai de six mois, et que, le 10 avril 1832, Louis-Philippe en agit de même à l'égard des princes de la famille aînée des Bourbons ;

Considérant que de pareilles mesures sont toujours d'ordre et d'intérêt public ;

Qu'aujourd'hui plus que jamais de hautes considérations politiques commandent impérieusement de diminuer l'influence que donne à la famille d'Orléans la possession de près de trois cent millions d'immeubles en France ;

Décrète :

Art. 1er. Les membres de la famille d'Orléans, leurs époux, épouses et leurs descendants ne pourront posséder aucuns meubles et immeubles en France. Ils seront tenus de vendre, d'une manière définitive, tous les biens qui leur appartiennent dans l'étendue du territoire de la République.

Art. 2. Cette vente sera effectuée dans le délai d'un an, à partir, pour les biens libres, du jour de la promulgation du présent décret, et pour les biens susceptibles de liquidation ou discussion, à partir de l'époque à laquelle la propriété en aura été irrévocablement fixée sur leur tête.

Art. 3. Faute d'avoir effectué la vente dans les délais ci-dessus, il y sera procédé à la diligence de l'Administration des Domaines dans la forme prescrite par la loi du 10 avril 1832.

Le prix des ventes sera remis aux propriétaires ou à tous autres ayants droits.

DEUXIÈME DÉCRET.

Le Président de la République,

Considérant que, sans vouloir porter atteinte au droit de propriété dans la personne des princes de la famille d'Orléans, le

Président de la République ne justifierait pas la confiance du peuple français s'il permettait que des biens qui doivent appartenir à la nation soient soustraits au domaine de l'Etat ;

Considérant que, d'après l'ancien droit public de la France, maintenu par le décret du 21 septembre 1790 et par la loi du 8 novembre 1814, tous les biens qui appartiennent aux princes lors de leur avénement au trône étaient de plein droit et à l'instant même réunis au domaine de la Couronne ;

Qu'ainsi le décret du 21 septembre 1790, de même que la loi du 8 novembre 1814, portent :

« Les biens particuliers du prince qui parvient au trône, et ceux » qu'il avait pendant son règne, à quelque titre que ce soit, sont » de plein droit et à l'instant même réunis au domaine de la Na- » tion, et l'effet de cette union est perpétuel et irrévocable. »

Que la consécration de ce principe remonte à des époques fort reculées de la monarchie ; qu'on peut, entre autres, citer l'exemple de Henri IV. Ce prince, ayant voulu empêcher, par des lettres patentes du 15 avril 1590, la réunion de ses biens au domaine de la Couronne, le Parlement de Paris refusa d'enregistrer ces lettres patentes, aux termes d'un arrêt du 15 juillet 1591, et Henri IV, applaudissant plus tard à cette fermeté, rendit, au mois de juillet 1607, un édit qui révoquait ses premières lettres patentes ;

Considérant que cette règle fondamentale de la monarchie a été appliquée sous les règnes de Louis XVIII et de Charles X, et reproduite dans la loi du 15 janvier 1825 ;

Qu'aucun acte législatif ne l'avait révoquée le 9 août 1830, lorsque Louis-Philippe a accepté la couronne ; qu'ainsi, par le fait seul de cette acceptation, tous les biens qu'il possédait à cette époque sont devenus la propriété incontestable de l'Etat ;

Considérant que la donation universelle, sous réserve d'usufruit, consentie par Louis-Philippe au profit de ses enfants, à l'exclusion de l'aîné de ses fils, le 7 août 1830, le jour même où la royauté lui avait été déférée, et avant cette acceptation, qui eut lieu le 9 du même mois, a eu uniquement pour but d'empêcher la réunion au domaine de l'Etat des biens considérables possédés par le prince appelé au trône ;

Que plus tard, lorsqu'il fut connu, cet acte souleva la conscience publique ;

Que si l'annulation n'en fut pas prononcée, c'est qu'il n'existait pas, comme sous l'ancienne monarchie, une autorité compétente pour réprimer la violation des principes du droit public, dont la garde était autrefois confiée aux Parlements ;

Qu'en se réservant l'usufruit des biens compris dans la donation, Louis-Philippe ne se dépouillait de rien et voulait seulement assurer à sa famille un patrimoine devenu celui de l'Etat ;

Que la donation elle-même, non moins que l'exclusion du fils aîné, dans la prévoyance de l'avénement au trône de ce fils, était de la part du roi Louis-Philippe la reconnaissance la plus formelle de cette règle fondamentale, puisqu'il fallait tant de précautions pour l'éluder ;

Qu'on exciperait vainement de ce que l'union au domaine public des biens du prince ne devait résulter que de l'acceptation de la couronne par celui-ci, et de ce que cette acceptation n'ayant eu lieu que le 9 août, la donation consentie le 7 du même mois avait dû produire son effet ;

Considérant qu'à cette dernière date Louis-Philippe n'etait plus une *personne privée*, puisque les deux Chambres l'avaient déclaré roi des Français, sous la seule condition de prêter serment à la Charte ;

Que, par suite de son acceptation, il était roi dès le 7 août, puisque ce jour-là la volonté nationale s'était manifestée par l'organe des deux Chambres, et que la fraude à une loi d'ordre public n'existe pas moins lorsqu'elle est concertée en vue d'un fait certain qui doit immédiatement se réaliser :

Considérant que les biens compris dans la donation du 7 août, se trouvant irrévocablement incorporés au domaine de l'Etat, n'ont pu en être distraits par les dispositions de l'art. 22 de la loi du 2 mars 1850 ;

Que ce serait, contrairement à tous les principes, attribuer un effet rétroactif à cette loi que de lui faire valider un acte radicalement nul, d'après la législation existante à l'époque où cet acte a été consommé ;

Que d'ailleurs cette loi, dictée dans un intérêt privé, par les entraînements d'une politique de circonstance, ne saurait prévaloir contre les droits permanents de l'Etat et les règles immuables du droit public ;

Considérant, en outre, que les droits de l'Etat ainsi revendiqués, il reste encore à la famille d'Orléans plus de cent millions avec lesquels elle peut soutenir son rang à l'étranger ;

Considérant aussi qu'il est convenable de continuer l'allocation annuelle de 3 00,000 fr. portée au budget pour le douaire de la duchesse d'Orléans ;

Décrète :

Art. 1er. Les biens meubles et immeubles qui sont l'objet de la donation faite le 7 août 1830 par le roi Louis-Philippe, sont restitués au domaine de l'Etat.

Art. 2. L'Etat demeure chargé du paiement des dettes de la liste civile du dernier règne.

Art. 3. Le douaire de 300,000 fr. alloué à la duchesse d'Orléans est maintenu.

Art. 4. Les biens faisant retour à l'Etat en vertu de l'art. 1er

seront vendus en partie à la diligence de l'administration des Do·
maines pour le produit en être réparti ainsi qu'il suit :

Art. 5. Dix millions sont alloués aux sociétés de secours mutuels
autorisées par la loi du 15 juillet 1850.

Art. 6. Dix millions seront employés à améliorer les logements
des ouvriers dans les grandes villes manufacturières.

Art. 7. Dix millions seront affectés à l'établissement d'institutions de crédit foncier dans les départements qui réclameront cette
mesure en se soumettant aux conditions jugées nécessaires.

Art. 8. Cinq millions serviront à établir une caisse des retraites
au profit des desservants les plus pauvres.

Art. 9. Le surplus des biens énoncés dans l'art. 1er sera réuni à
la dotation de la Légion-d'Honneur, pour le revenu en être affecté
aux destinations suivantes, sauf, en cas d'insuffisance, à y être
pourvu par les ressources du budget.

Art. 10. Tous les officiers, sous-officiers et soldats de terre et de
mer en activité de service, qui seront à l'avenir nommés ou promus
dans l'ordre impérial de la Légion-d'Honneur, recevront, selon
leur grade dans la Légion, l'allocation annuelle suivante :

Les Légionnaires (comme par le passé).	250 fr.
Les Officiers......................	500
Les Commandeurs..................	1.000
Les Grands-Officiers	2.000
Les Grand's-Croix.................	3.000

Art. 11. Il est créé une médaille militaire donnant droit à
100 fr. de rente viagère en faveur des soldats et sous-officiers de ·
l'armée de terre et de mer placés dans les conditions qui seront
fixées par un règlement ultérieur.

Art. 12. Un château national servira de maison d'éducation aux
filles ou orphelines indigentes des familles dont les chefs auraient
obtenu ces médailles.

Art. 13. Le château de Saverne sera restauré et achevé pour
servir d'asile aux veuves des hauts fonctionnaires civils et militaires
morts au service de l'Etat.

Art. 14. En considération des présentes, le Président de la
République renonce à toute réclamation au sujet des confiscations
prononcées en 1814 et en 1815 contre la famille Bonaparte.

On a cherché, avec beaucoup de raison, à connaître le rédac-
teur de ces décrets. Le prince dont ils portent la signature a dû
avoir un collaborateur, car si universel, si pourvu du don de
tout comprendre et de tout faire qu'on le suppose, il est bien

difficile d'admettre qu'il ait jamais possédé les connaissances spéciales nécessaires pour la préparation des décrets. Quel est le jurisconsulte qui s'est dévoué à ce travail? Quel est celui qui a complaisamment mis sa science du droit au service de la volonté qui commandait alors.

Le seul jurisconsulte de l'Elysée, à l'heure du coup d'Etat, était M. Mocquart. Est-ce à lui qu'il faut attribuer la rédaction des décrets du 22 janvier? Nous ne le pensons pas. Il avait à se préoccuper de beaucoup d'autres mesures politiques qui devaient l'absorber tout entier.

M. Baroche et M. Troplong y furent-ils pour quelque chose? On l'a prétendu, mais on n'a apporté d'autre preuve à l'appui, que ce seul fait que, consultés par le Prince-Président sur la constitution qu'il allait donner à la France, ils avaient bien pu l'être également, en raison de la renommée de jurisconsultes qui s'attachait à leur nom, sur les décrets qui devaient dépouiller les enfants et petits-enfants de Louis-Philippe.

M. Baroche a sans doute apporté au service de l'Empereur un dévouement à toute épreuve. Auparavant et lorsque la République avait encore toutes ses sympathies, il s'était glorifié d'avoir devancé la justice du peuple, c'est-à-dire de n'avoir pas attendu le 24 février 1848 pour appeler le châtiment sur la tête du gouvernement qui fut renversé ce jour-là. Cela suffirait-il pour qu'on l'accuse d'avoir collaboré aux résolutions qui dépossédèrent la maison d'Orléans? Nous n'avons aucune raison de le penser, et nous nous garderons de lui demander compte de sa participation à un acte auquel, à moins qu'il ne l'avoue, nous persisterons à le considérer comme étant resté tout-à-fait étranger.

Quant à M. Troplong, Louis-Philippe, ainsi que M. Baroche le rappelait lui-même, il y a quelques jours, en saluant sa dépouille mortelle, l'avait, « par une nomination alors sans précédent », enlevé du fauteuil de président de Chambre à la Cour de Nancy pour le placer sur un siége de conseiller à la Cour de cassation, et, quelques années après, il lui ouvrait les portes de la Chambre des Pairs. Ne serait-ce pas calomnier sa mémoire que de laisser croire que c'est lui qui a préparé ces décrets, dont l'apparition inattendue surprit et émut si vivement l'opinion publique?

Le bruit a couru, — et, bien qu'il ne mette en cause qu'un personnage pour le caractère duquel nous ne sommes tenu à aucune estime, nous le mentionnons ici afin de provoquer, s'il y a lieu, un démenti catégorique, — que le Prince-Président avait eu recours aux lumières de M. Teste, ancien ministre des travaux publics. M. Teste avait autrefois appartenu au barreau, et tous ses confrères le considéraient comme un jurisconsulte de premier ordre. Louis-Philippe l'avait enlevé à son cabinet d'avocat pour en faire un ministre : le ministre ayant commis une faute, le roi l'avait laissé exposé à toutes les conséquences de cette faute. Condamné par la Cour des Pairs, à une peine sévère, en compagnie d'un autre ministre abandonné comme lui, M. Teste n'avait pas pardonné à Louis-Philippe de n'avoir rien fait pour lui épargner une flétrissure et des rigueurs auxquelles, selon lui, il eût été possible, eût-il fallu pour cela faire violence au sentiment public, de le soustraire. Il s'en serait vengé en consentant à diriger la main qui devait frapper l'ex-roi dans sa descendance !

Les décrets du 22 janvier auraient donc eu pour seul et unique auteur un homme jadis condamné par la Cour des Pairs et plus ou moins régulièrement grâcié à la suite de la révolution de 1848. M. Teste aurait présenté au prince Louis-Napoléon Bonaparte la plume qui les a signés. S'il en était ainsi, l'autorité, déjà si contestable, de ces décrets serait encore bien affaiblie, puisqu'à toutes les considérations de droit et de légalité qui doivent les faire condamner, on pourrait ajouter cette autre considération qui touche à un ordre moral des plus élevés : qu'ils ont été presque exclusivement inspirés par la rancune personnelle de M. Teste.

La première protestation que les décrets soulevèrent fut aussi prompte que retentissante. M. Dupin, procureur général à la Cour de cassation, c'est-à-dire le magistrat le plus haut placé à qui appartienne la mission d'élever la voix en faveur de la loi toutes les fois qu'il croit qu'elle a été méconnue et violée, avait à peine lu le *Moniteur* qu'il prenait la résolution de se démettre de ses fonctions. Cette résolution, qui remua profondément l'o-pinion, était ainsi motivée :

« Prince-Président de la République,

» Je regrette vivement qu'avant de rendre le décret que je viens de lire ce matin dans le *Moniteur*, vous n'ayez pas eu la pensée de m'entendre à ce sujet, avec cette bienveillance que vous avez quelquefois mise à m'écouter.

» J'aurais essayé de vous prouver, non-seulement dans l'intérêt privé des enfants, la plupart mineurs, du feu Roi, dont je suis l'un des exécuteurs testamentaires, mais aussi dans l'intérêt de votre propre gouvernement, que ceux qui vous ont suggéré cette mesure ne connaissaient pas les faits, et qu'ils ont méconnu toutes les règles du droit et de l'équité.

» En fait, il y a une exagération extrême (elle est au moins de moitié) dans l'évaluation des biens de la famille d'Orléans.

» En droit, elle viole *dans son essence* le principe même de la propriété.

» Ce droit de propriété a été reconnu après une discussion solennelle, dans la personne du feu roi, par les articles 22 et 23 de la loi du 2 mars 1832 ; et dans la personne de ses enfants par les actes mêmes de la révolution de février, par le décret de l'Assemblée constituante du 25 octobre 1848, et par la loi de l'Assemblée nationale du 4 février 1850, promulguée par votre gouvernement et qui a autorisé l'emprunt de vingt millions hypothéqué sur ces biens et souscrit par votre ministre des finances.

» Ainsi, droit public, testament, lois spéciales, contrat, tout a reconnu, dans la main des princes d'Orléans, la propriété des biens que le décret du 22 janvier courant leur enlève d'un trait et d'une manière si absolue, que le droit sacré des tombeaux, la sépulture de Dreux n'est pas même exceptée !

» Si la constitution du 15 janvier était en vigueur, il y aurait lieu de réclamer auprès du Sénat, en vertu de l'article 26 qui permet à ce corps « de s'opposer à la promulgation des lois qui se » raient contraires à l'inviolabilité de la propriété. »

» Dans l'état présent des choses, on ne peut réclamer qu'auprès de vous, Prince, en invoquant la sagesse et l'élévation de vos propres sentiments interrogés de nouveau et mieux écoutés.

» Mais si ces mesures rigoureuses doivent être maintenues, un grand scrupule s'élève au fond de ma conscience.

» Procureur-général à la Cour de cassation depuis bientôt vingt-deux ans, principal organe de la loi près de cette juridiction suprême, chargé par le gouvernement de proclamer incessamment e respect du droit, de requérir la cassation ou l'annulation des actes qui violent les lois et qui constituent des incompétences ou des excès de pouvoir, comment pourrais-je le faire désormais avec assurance, si l'on introduit dans la législation des actes qui seraient en contradiction avec les principes?

» Je crois donc devoir vous donner ma démission.

» Mais ici, Prince, je vous prie instamment de ne pas vous méprendre sur le caractère de mes motifs.

» Ma résolution n'emprunte rien à la politique.

» Comme président de la dernière assemblée je me suis tenu sévèrement en dehors de l'action des partis et de leurs funestes divisions : me bornant à maintenir, autant qu'il dépendait de mes forces individuelles, les doctrines légales et morales sur lesquelles repose l'ordre essentiel des sociétés civilisées.

» Après le coup d'État du 2 décembre, contre lequel il a été de mon devoir de protester ainsi que je l'ai fait, j'ai attendu le jugement du peuple, interrogé par vous. Après ce jugement solennel, j'ai adhéré franchement au pouvoir immense qui en était sorti, le considérant comme la plus forte garantie qui pût s'offrir pour conserver ou rétablir tous les principes qu'un socialisme effréné avait compromis ou menacés; et, comme fonctionnaire, mon concours vous était également acquis.

» Mais, en ce moment et au point de vue du droit civil et du droit privé, de l'équité naturelle et de toutes les notions chrétiennes du juste et de l'injuste que je nourris dans mon âme depuis plus de 50 ans, comme jurisconsulte et comme magistrat, j'éprouve le besoin de me démettre de mes fonctions de procureur général.

» Veuillez agréer, Prince, l'expression de mes sentiments de respectueuse considération.

» (Signé) DUPIN. »

La réserve, le respect, le sentiment des convenances les plus exquises dominent dans ce document. Il est empreint de douleur bien plus que d'indignation, et il est facile de voir que le magistrat dont il émane, tout en faisant entendre ses doléances, tout en exposant ses convictions de jurisconsulte, a voulu se tenir dans les limites de la plus parfaite modération. Il semble que c'est encore le procureur général qui parle au nom de la loi, car c'est le langage, la gravité, la dignité calme et sereine de la loi elle-même.

La lettre de M. Dupin n'eut pas les honneurs de l'impression. Tous les imprimeurs de Paris et des départements étaient alors

soumis à une censure qui interdisait soigneusement la publication de tout ce qui pouvait ressembler à une protestation contre
les mesures que décrétait le Pouvoir. Publier un semblable document, si modéré, si respectueux qu'il fût depuis la première
ligne jusqu'à la dernière, sans en avoir demandé la permission
préalable, c'eût été compromettre son brevet et déterminer
peut-être *ipso facto* une nouvelle atteinte au droit de propriété.
Aucun ne l'osa.

Mais M. Dupin avait communiqué sa lettre à quelques amis,
et bientôt elle circula manuscrite, à un très grand nombre
d'exemplaires, dans tout Paris. C'était, à ce moment de crise
le seul moyen, pour les hommes qui ne saluaient pas aveuglé-
ment de leurs acclamations l'usage que le Président faisait de sa
dictature, de faire arriver à la connaissance du pays ce que
celui-ci avait intérêt à savoir.

Après avoir ainsi brisé l'unique lien qui le rattachait encore
au gouvernement issu du coup d'Etat du 2 décembre, M. Dupin
se trouva tout-à-fait libre et put mettre son nom au bas de la
protestation que les exécuteurs testamentaires de Louis-Philippe
formulèrent contre un décret qui allait rendre si difficile l'accomplissement de la mission dont la confiance du feu Roi les
avait chargés. Cette protestation était ainsi conçue :

*Au Prince-Président de la République, les exécuteurs testamentaires
du feu roi Louis-Philippe.*

Les exécuteurs testamentaires du feu roi Louis-Philippe obéis-
sent à un devoir impérieux en venant protester contre le décret
du 22 janvier 1852, relatif aux biens de la maison d'Orléans. Ce
décret renverse en effet de fond en comble, non-seulement les testaments qu'ils ont mission de faire exécuter, mais encore tous les
contrats civils qui ont réglé et fixé la position et les droits des divers membres de cette auguste maison. Ils viennent, en dehors de
toutes préoccupations politiques, signaler à la justice du Prince
Président de la République française les erreurs de droit sur lesquelles
le second décret repose tout entier. Si ces erreurs n'étaient reconnues et redressées, elles constitueraient l'atteinte la plus grave
aux droits sacrés de la propriété et de la famille.

Pour anéantir la donation du 7 août 1830, pour déclarer réunies
au domaine public les propriétés possédées à cette époque par le

duc d'Orléans, le second décret du 22 janvier 1852 invoque le principe ancien de la dévolution à l'Etat des biens du prince qui montait sur le trône. Nous pourrions examiner historiquement ce principe; nous pourrions montrer que, dans l'ancien droit lui-même, il n'était considéré que comme une émanation de la féodalité, alors qu'il n'y avait pas de domaine de l'Etat distinct du domaine de la Couronne; nous pourrions établir que l'empereur Napoléon l'a formellement repoussé (sénatus-consulte du 30 janvier 1810, titre III, articles 48 et 49); nous pourrions rappeler que le roi Charles X l'a écarté en fait, au moyen d'une donation consentie en faveur de son fils puîné, frère du prince qui était alors son héritier présomptif.

Mais ces considérations seraient ici surabondantes. Une seule, d'une autre nature, domine la question. L'ancien droit monarchique ne saurait être sérieusement invoqué contre le prince qui recevait la couronne, non pas conformément, mais contrairement à cet ancien droit. Le roi Louis-Philippe a occupé le trône après le roi Charles X, il n'a pas été son successeur et son héritier.

Les lois de l'ancienne monarchie ne pouvaient s'appliquer à une monarchie nouvelle; à une liste civile nouvelle, à une Constitution nouvelle, devant amener des conséquences nouvelles dans les lois comme dans le régime et dans l'avenir du pays. Ainsi, en abandonnant à ses enfants, le 7 août 1830, leur patrimoine héréditaire, le prince ne faisait aucune fraude à une loi qui ne lui était pas applicable. Le droit et les faits suffisent à repousser cette tache que les considérants du décret infligeraient à sa mémoire.

En l'absence même de toute donation, le principe ancien de la dévolution des biens eût dû rester lettre morte; mais à plus forte raison quand telle avait été la condition sous laquelle le duc d'Orléans avait accepté la couronne en 1830. Le prince n'hésita pas à dévouer sa vie au salut de la société en péril, au milieu d'une tourmente qu'il n'avait ni suscitée ni désirée; mais il entendit que ses enfants conservassent le patrimoine que lui-même tenait de ses ancêtres.

La donation du 7 août, inutile au point de vue d'un droit qui n'existait plus, ne constatait qu'une chose, la volonté bien arrêtée du prince qui allait monter sur le trône, de maintenir la propriété de son domaine privé dans les mains de sa famille, et c'était assurément une condition qu'il avait le droit de stipuler le 7 août.

A cette époque, en effet, quoique déclaré roi des Français par les deux Chambres, il n'était, jusqu'à son acceptation de la couronne, que simple prince français. Cela est si vrai que, par une disposition de la loi du 2 mars 1832, il a été dit que la liste civile n'aurait son effet qu'à partir du 9 août, le duc d'Orléans ne se reconnaissant roi que le jour où il avait accepté la couronne et prêté serment à la Constitution. A ce moment donc il y a eu contrat, convention solennelle entre la nation et le prince, et, en nous pénétrant de tous les souvenirs de cette époque, nous ne pouvons comprendre à quelle source on a été puiser l'idée que cette donation, connue plus tard, « aurait soulevé la conscience publique. »

Bien loin de là, il est certain qu'à l'autorité des principes sous la protection desquels nous venons de placer la question, étaient venues se joindre non-seulement la sanction de la loi, mais encore la consécration de sa validité par tous les pouvoirs publics qui se sont succédé en France depuis 1830.

En 1830, il est vrai, les Parlements gardiens des principes du droit public n'existaient plus ; mais les pouvoirs n'étaient pas pour cela concentrés dans une main unique, et les deux Chambres auraient eu sans doute le droit et le devoir de faire application de l'ancien principe monarchique au prince monté sur le trône, si ce principe eût paru devoir lui être appliqué.

Or, elles ont, au contraire, formellement reconnu (article 22 de la loi du 2 mars 1832) que le Roi avait *conservé* la propriété des biens qui lui appartenaient avant son avénement au trône.

La loi du 2 mars 1832, œuvre de pouvoirs éminemment indépendants, et que l'histoire n'accusera pas d'une trop grande condescendance pour les intérêts matériels de la famille royale, n'a nullement rétroagi sur un passé qui ne lui appartenait pas. Elle s'est bornée à reconnaître que les principes du droit public invoqués par le décret du 22 janvier 1852 n'étaient pas applicables à la position toute spéciale du duc d'Orléans, et qu'à aucun moment il n'y avait eu dévolution à l'État des biens de la donation. La loi du 2 mars 1832 a été déclarative du droit préexistant, comme l'eût été un jugement qui serait intervenu sur une prétention analogue du domaine de l'État ; seulement elle a statué avec plus d'autorité et de solennité. Nier, ainsi que le décret du 22 janvier ne craint pas de le faire, la compétence et l'autorité des pouvoirs publics de la monarchie constitutionnelle, c'est menacer tous les intérêts créés ou garantis pendant une période de 30 années ; c'est faire un premier pas vers une perturbation profonde dans notre droit public.

La révolution de 1848 est survenue, qui aurait suffi à elle seule pour détruire les effets de ce prétendu retour au domaine de l'Etat, même alors (ce qui n'est pas) qu'il aurait eu lieu en 1830 ; car, si le droit des anciens temps voulait que le prince devenant roi apportât à l'État sa fortune personnelle, c'était apparemment sous la condition qu'il conserverait la couronne. Mais le gouvernement provisoire, bornant ses rigueurs à une mesure de séquestre, respecta et reconnut lui-même la donation du 7 août 1830.

Au mois d'octobre 1848, la question s'est engagée devant l'Assemsemblée constituante, sur la proposition d'un représentant du peuple, M. Jules Favre. Le rapport fut confié à l'honorable M. Berryer,

« Qu'il s'agisse d'un monarque ou d'un simple particulier » disait l'éloquent rapporteur ; « que la spoliation atteigne des palais ou des » chaumières, de modestes champs ou de vastes domaines, il n'im- » porte ; le mal est le même, et ce mal est contagieux en nos jours » plus qu'en aucun temps ; l'envahissement de la propriété, l'oubli » des droits, le mépris des contrats, seraient des exemples pleins » de périls pour la sécurité de toutes les conditions sociales, et tout » gouvernement doit être convaincu que sa dignité, sa force, son » influence sur les intérêts de tous, seront jugées, mesurées dans » l'esprit des peuples par le respect qu'il saura garder pour le droit, » la justice et l'honnêteté publique. »

La proposition fut unanimement rejetée, sans que son auteur ait même essayé de la soutenir à la tribune.

Plus tard, l'Assemblée législative, loin de contester la donation du 7 août, autorisa le feu roi Louis-Philippe à consentir un emprunt, et dans cet emprunt sont intervenus les donataires pour hypothéquer les biens compris dans la donation. Bien plus, le gouvernement intervint directement dans cet emprunt, qui fut conclu par l'administration des biens de la maison d'Orléans, sous les auspices de M. le ministre des finances. L'Etat lui-même avait déjà pris une hypothèque sur ces mêmes biens dont on prétend aujourd'hui qu'il était dès lors propriétaire.

En 1850 enfin, une commission de l'Assemblée ayant proposé de lever le séquestre sur les biens de LL. AA. RR. messeigneurs le prince de Joinville et le duc d'Aumale, M. le ministre des finances vint, *au nom de M. le président de la République, exposer la pensée du gouvernement*, et réclamer de l'Assemblée une mesure plus complète et plus juste, en demandant la levée du séquestre sur les biens mêmes de la donation du 7 août, qu'il obtint ainsi de restituer définitivement à son royal propriétaire. (Voir le *Moniteur*, — discours de M. A. Fould, — du 24 février 1850.)

Ainsi, à toutes les époques, et jusqu'au décret du 22 janvier 1852, consécration, après des débats solennels, de la propriété de la famille d'Orléans ; triple reconnaissance que les biens de la donation n'ont jamais cessé de lui appartenir.

Arrivons aux conséquences de ce décret.

Ce n'est pas seulement à la propriété du chef de la famille qu'il porte atteinte ; il renverse tous les actes intervenus, soit entre les membres divers de cette famille, soit avec des tiers.

Des avantages en avancement d'hoirie ont eu lieu au profit de certains enfants du roi, des dots ont été constituées par huit contrats de mariage, des traités diplomatiques sont intervenus à cet égard avec huit puissances étrangères ; plusieurs des enfants du roi l'ont prédécédé, ils sont eux-mêmes représentés par des héritiers mineurs, les uns Français, les autres étrangers ; une partie des biens de la donation ont été vendus, les autres ont été affectés à l'emprunt... Droits héréditaires, droits des princes étrangers, droits des mineurs, droits des tiers, le décret s'attaque à tout, renverse tout.

Il y a plus : en brisant le testament du roi, le décret fausse encore celui de Mme Adélaïde, son auguste sœur.

Le roi et Madame avaient, en effet, combiné leurs dispositions testamentaires de manière à éviter le morcellement dans la main de leurs enfants des grands corps de biens dont ils étaient propriétaires.

À cet effet, l'une des successions assurait davantage à celui qui avait moins dans la seconde. Les deux testaments s'harmonisaient ainsi pour réaliser la pensée commune, l'égalité entre tous.

Cette égalité disparaît, si le testament du roi est détruit, et le testament du roi est détruit si les biens de la donation sont distraits du patrimoine commun. En effet, celui des héritiers dans le lot duquel auront été placés des biens échappant à l'application du décret, pourra-t-il conserver la part qui lui a été faite par le testament, quand le décret frappera des biens attribués à son cohéritier ?

C'est à ce point de vue de l'exécution testamentaire confiée à nos soins que notre mandat est engagé, et que nous avons mission et devoir d'en appeler à la justice mieux éclairée du chef de l'Etat.

Dans tous les cas, nous demandons des juges.

C'est une question de propriété que tranche le décret, et il la tranche soi-disant par application des principes du droit public ; tandis que la décision de ces sortes de questions appartient essentiellement aux tribunaux dont l'autorité est restée debout.

En terminant, les exécuteurs testamentaires du feu roi Louis-Philippe ne peuvent se taire sur deux grandes erreurs de fait proclamées par les décrets du 22 janvier. Bien qu'étrangères au point de droit, ces erreurs paraissent malheureusement avoir exercé une trop grande influence sur sa solution pour qu'elles ne soient pas rectifiées par eux.

D'après les décrets, la famille d'Orléans posséderait 300 millions d'immeubles en France, et, distraction faite des biens de la donation, il lui resterait plus de 100 millions. De pareils chiffres ne peuvent avoir été fournis que par des personnes absolument étrangères aux affaires de la famille d'Orléans.

Les exécuteurs testamentaires du feu roi Louis-Philippe, dont la mission a été de tout approfondir, sont en mesure d'affirmer que l'un et l'autre chiffre sont complétement erronés. Bien plus, ils attestent que l'exécution du décret du 22 janvier 1852 serait la ruine à peu près complète des héritiers du feu roi Louis-Philippe.

Ils espèrent donc qu'ils n'auront pas fait vainement appel à la justice et à la loyauté du Prince-Président de la République.

> (Signé) Dupin.
> Duc de Montmorency.
> Comte de Montalivet.
> Laplagne-Barris.
> Scribe.

Paris, 26 janvier 1852.

Cette supplique en appelait du Président mal informé au Président mieux informé. Les exécuteurs testamentaires du feu roi
lui signalaient, avec une mesure qui ne manquait pas de force,
les erreurs de fait et de droit sur lesquelles reposait son décret;
ils lui rappelaient les actes, les lois, les principes; ils rendaient
à l'histoire sa vérité; ils faisaient ressortir la différence
qu'avaient dû apporter à la constitution de la royauté nouvelle
les faits qui avaient marqué son origine; ils rétablissaient le
véritable caractère de cette monarchie de 1830, issue, comme
l'Empire, d'une révolution et d'un contrat entre la nation et une
dynastie. Ils invoquaient la loi de ce contrat telle qu'elle avait
été réglée entre les deux parties intéressées : l'Etat, d'une part,
représenté par la Chambre des députés; et, d'autre part, le nouveau roi stipulant pour lui et pour ses enfants. Enfin, ils recti-
fiaient les évaluations exagérées à l'aide desquelles l'auteur des
décrets avait cherché à en pallier les conséquenses ruineuses.

C'est en vain qu'on chercherait dans la réclamation adressée
au Prince-Président la moindre trace de passion politique.
Comme l'ancien procureur général à la Cour de cassation, les
exécuteurs testamentaires de Louis-Philippe déclaraient qu'ils se
tenaient en dehors de toute préoccupation politique. Pas la plus
légère allusion à tout ce qui s'était passé en France depuis le
2 décembre; on ne contestait pas à Louis Napoléon-Bonaparte le
pouvoir dont il s'était emparé ce jour-là : on ne discutait devant
lui qu'un droit de propriété violé, et cette discussion, on en
conviendra, ne s'était traduite que dans le langage le plus
respectueux.

Les princes dépossédés et blessés d'ailleurs dans leur piété filiale ne pouvaient méconnaître ni négliger les devoirs qu'elle leur imposait. Ils devaient, eux aussi, parler à leur tour, et, sans forcer leur voix, faire entendre des paroles assez claires, assez significatives, pour que l'écho en retentît au loin. Voici l'adhésion qu'ils envoyèrent aux mandataires qui avaient protesté en leur nom :

A Messieurs les exécuteurs testamentaires du roi Louis-Philippe.

Messieurs,

Nous avons reçu la protestation que vous avez rédigée contre les décrets de confiscation rendus contre nous, et nous vous remercions bien sincèrement de vos efforts pour résister à l'injustice et à la violence.

Nous avons trouvé tout simple que vous vous soyez occupés spécialement de droit sans faire ressortir ce que les considérants de ces décrets ont d'injurieux pour la mémoire du roi notre père.

Un moment, nous avons songé à sortir de cette réserve que l'exil nous impose et à repousser nous-mêmes les attaques si indignement dirigées contre le meilleur des pères.

Mais, en y pensant plus mûrement, il nous a paru qu'à de semblables imputations le silence du dédain était la meilleure réponse.

Nous ne nous abaisserons donc pas à relever ce que ces calomnies ont de plus particulièrement odieux à être reproduites par celui qui a pu deux fois apprécier la magnanimité du roi Louis-Philippe, et dont la famille n'a reçu de lui que des bienfaits.

Nous laissons à l'opinion publique le soin de faire justice des paroles aussi bien que de l'acte qu'elles accompagnent.

Nous sommes heureux de constater que ces honteux décrets et leurs considérants plus honteux encore n'ont osé se produire que sous l'état de siége et après la suppression de toutes les garanties protectrices des libertés de la nation.

(Signé) Louis d'Orléans, duc de Nemours.
François d'Orléans, prince de Joinville.

Tout ce qui fut fait dans le premier moment ne constitua pour ainsi dire qu'un simple appel à l'opinion ; on avait bien fait de s'adresser tout d'abord à elle, car, ainsi que l'a proclamé, il y quelques années, une voix devant laquelle le monde officiel s'incline avec la déférence la plus soumise, c'est toujours elle qui remporte la dernière victoire. Mais si l'opinion a qualité pour rendre des arrêts au nom de la morale et pour frapper de nullité, au point de vue de la conscience individuelle, tout ce qu'elle condamne, elle n'a pas malheureusement la puissance d'assurer la réparation légale, matérielle, des injustices qui la blessent et provoquent ses plus solennelles réprobations. Il restait donc à porter l'affaire devant les tribunaux, et le mandataire spécial de la famille d'Orléans, M. Bocher, ancien préfet du Calvados, ancien membre de l'Assemblée législative, n'y manqua pas.

Les hommes les plus éminents du barreau de Paris, des avocats que la politique avait séparés depuis longtemps, mais que la défense du droit devait rallier sur le même terrain, MM. de Vatimesnil, Berryer, Dufaure, Odilon-Barrot, Paillet, furent consultés par M. Bocher. La question qu'il leur posa fut celle-ci : « Quels moyens légaux reste-t-il, en l'état, aux ayants droit de Louis-Philippe, de résister à la violation du droit sacré de la propriété dont ils sont menacés de demeurer victimes ? »

Le *Mémoire à consulter* et la *Consultation* qui s'en suivit sont deux pièces trop importantes et qui aident trop bien à résoudre la question dont la pétition de M. Degouve Denuncques a saisi le Sénat, pour que nous les soumettions à une analyse. Nous allons les placer *in extenso* sous les yeux de ceux qui voudront se mettre à même de statuer loyalement et avec toutes les lumières que donne l'étude impartiale des faits et des principes, sur la légalité des décrets du 22 janvier :

MÉMOIRE A CONSULTER

SUR LES DÉCRETS DU 22 JANVIER 1852.

La famille d'Orléans vient faire appel aux lumières du Barreau.

Elle lui demande de l'éclairer sur le caractère légal et sur la portée des décrets du 22 janvier dernier.

N'est-ce pas une véritable question de propriété qu'a tranchée le second de ces décrets, et lui appartenait-il de la juger ? Peut-il faire obstacle à ce que les droits de la propriété demeurent placés sous l'égide protectrice des tribunaux ?

Telles sont les questions soumises à l'examen des jurisconsultes éminents dont la famille d'Orléans a cru pouvoir réclamer le concours.

Un rapide exposé des faits doit précéder la discussion.

Afin de se faire une idée exacte de la fortune possédée par M. le duc d'Orléans au moment où il est monté sur le trône, il faut se rendre compte des éléments dont elle se composait.

Les biens du Prince étaient de diverses natures :

1° Biens apanagers ;

2° Biens patrimoniaux.
- Recueillis de la succession maternelle ;
- Rachetés de la succession bénéficiaire de son père ;
- Provenant d'acquisitions faites de 1814 à 1830.

Personne n'ignore quelle fut l'origine, ni quelle était la nature de l'apanage d'Orléans. Ce n'est point à *titre gratuit* qu'il avait été constitué au Chef de cette branche, alors mineur, par l'édit de mars 1661, mais bien à *titre successif*. pour lui tenir lieu de sa part héréditaire dans les successions de Louis XIII son père, et d'Anne d'Autriche sa mère. Cet apanage représentait la légitime de la branche d'Orléans ; il formait le prix de la renonciation en faveur du frère aîné, Louis XIV, aux domaines, terres et seigneuries, meubles et effets mobiliers, *échus par le trépas de feu leur dit seigneur et père.* » Par là, comme le disaient les lettres patentes du 7 décembre 1766, » le vœu de la nature a été rempli, et la Royauté a acquitté ses » obligations. »

Frappés de confiscation par les lois de la Révolution, les biens apanagers avaient été rendus au duc d'Orléans par trois ordonnances des 18-20 mai et 7 octobre 1814, confirmées plus tard par la loi du 15 janvier 1825, qui ne créa pas l'apanage à titre nouveau, mais statua par forme de simple déclaration et reconnaissance d'un droit préexistant.

Ces biens représentaient en 1830, pour la famille d'Orléans, un revenu net de 2,500,000 francs.

Par suite de l'avénement de M. le duc d'Orléans au trône, l'apanage tout entier, et sans en rien excepter, a fait retour à l'État le 9 août 1830, conformément aux titres constitutifs de cet apanage, visés dans l'art. 4 de la loi du 2 mars 1832. Le seul droit qui ait survécu à l'apanage en vertu de ces mêmes titres est une indemnité à raison des accroissements qu'il aurait reçus depuis qu'il avait été rendu au Prince jusqu'au moment où il était rentré dans le domaine de l'Etat ; et encore la loi de 1832 avait-elle disposé que l'indemnité ne serait exigible qu'à la fin du règne.

Ainsi, dès le 9 août 1830, la fortune de la famille d'Orléans s'est trouvée diminuée de toute la valeur des produits de l'apanage ; c'est l'oubli ou l'ignorance de ce fait qui a été l'origine d'erreurs trop longtemps accréditées sur la quotité des revenus de cette auguste Maison.

Quant à la fortune patrimoniale de M. le duc d'Orléans, elle se composait, comme nous l'avons indiqué : 1° des biens qu'il avait recueillis dans la succession de sa mère, et dont l'origine était toute patrimoniale (1) ; 2° des biens de la succession de son père, qu'il avait rachetés à la barre des tribunaux ; 3° de ceux qu'il avait pu acquérir à divers titres.

C'est sur l'ensemble de ces biens patrimoniaux que porta exclusivement la donation du 7 août 1830.

Cette donation était-elle nécessaire pour soustraire le patrimoine privé du duc d'Orléans à l'application du principe ancien, en vertu duquel il y avait dévolution à l'Etat des biens du Prince montant sur le trône ? Est-ce, comme on n'a pas craint de le dire, en fraude de ce principe que le duc d'Orléans avait donné à ses enfants la nue-propriété de ce qu'il possédait alors ? Est-il possible de prétendre que la loi de l'ancienne monarchie fût applicable, le 7 août 1830, au prince à qui la couronne ne revenait pas *conformément*, mais qui allait l'accepter *contrairement* à cette ancienne loi monarchique ? — C'est ce qu'auront à décider les jurisconsultes auxquels on s'adresse en ce moment.

Mais ce qu'il y a de certain, c'est que la donation du 7 août constatait la volonté bien arrêtée de M. le duc d'Orléans de conserver à ses enfants le patrimoine héréditaire qu'il tenait lui-même de ses ancêtres, et que dans cette condition qu'il mettait, qu'il avait droit de mettre à son acceptation, il n'y avait rien qui dût *soulever la conscience publique*, comme le dit un des considérants du décret rendu le 22 janvier. N'était-ce pas assez que la maison d'Orléans perdît la propriété de l'apanage qui faisait retour à l'Etat ? Fallait-il que tout le surplus des biens de la famille fût engagé dans cette révolution ? Et cette révolution, qui ne dotait pas ses enfants, précisément en vue du patrimoine privé que la donation du 7 août leur avait conservé, devait-elle plus tard leur enlever ce même patrimoine, et les dépouiller ainsi deux fois (2) ?

Une autre question à décider par la consultation, c'est jusqu'à quel point l'autorité de la loi du 2 mars 1832 peut être contestée ; jusqu'à quel point les droits qu'elle a créés, les actes qui se sont

---

(1) Aucun de ces biens n'avait directement ni indirectement le caractère apanager, ainsi qu'on l'a avancé, en parlant de la principauté de Dombes, en échange de laquelle sont arrivés, à la maison d'Orléans, la plus grande partie des biens compris dans la donation du 7 août. Cette principauté n'a nullement fait partie d'un prétendu apanage que Louis XIV aurait constitué au profit du comte de Toulouse ; elle a été recueillie, non dans la succession du comte de Toulouse, mais dans celle du duc du Maine, par M. le duc de Penthièvre, qui l'a ensuite transmise à sa fille madame la duchesse douairière d'Orléans, mère du Roi Louis-Philippe. Elle provenait à M. le duc du Maine du don que lui en avait fait, le 2 février 1681, *Mademoiselle* de Montpensier, qui la tenait elle-même héréditairement de Marie de Montpensier, sa mère, sur la tête de laquelle s'étaient réunis tous les biens patrimoniaux de la maison de Montpensier, branche de celle de Bourbon.

(2) L'acte du 7 août comprenait la nue-propriété de tous les biens possédés alors par M. le duc d'Orléans, d'un revenu brut, déclaré dans la donation même, de 1,365,525 fr., et le fisc perçut le droit proportionnel qui lui était dû ; il le perçut même comme s'il s'agissait d'une donation ordinaire, et il fallut plus tard s'adresser aux tribunaux pour faire juger que le seul droit exigible était celui imposé par la loi de 1824 aux donations contenant partage. Le droit, ainsi réduit, fut cependant encore de 759,377 francs.

accomplis sous l'empire et sur la foi de ses dispositions, peuvent être aujourd'hui méconnus, anéantis.

Lors de la discussion de cette loi devant la Chambre des députés, on posa expressément la question de savoir s'il y aurait un *domaine privé*, ou si l'on maintiendrait l'ancien principe de la *dévolution* des biens personnels du roi au domaine de l'Etat. Cette question fut discutée à deux reprises différentes, le 30 décembre 1831 et le 14 mai 1832. M. Dupin, commissaire du roi, soutint que l'ancien principe de dévolution était inapplicable. L'opposition elle-même, par l'organe de M. de Salverte, se prononça pour qu'on laissât au roi son domaine privé. Le général Bertrand soutint la thèse contraire. L'existence de la donation du 7 août fut reconnue, et l'Assemblée, en pleine connaissance de cause, vota les articles suivants :

« Art. 22. Le roi *conservera* la propriété des biens qui lui appar-
» tenaient avant son avènement au trône. Ces biens, et ceux qu'il
» acquerra à titre gratuit ou onéreux pendant son règne, compose-
» ront son domaine privé.

» Art. 23. Le roi peut disposer de son domaine privé, soit par
» actes entre vifs, soit par testament, sans être assujetti aux règles
» du Code civil qui limitent la quotité disponible.

» Art. 24. Les propriétés du domaine privé seront, sauf l'exception
» portée à l'article précédent, soumises à toutes les lois qui régissent
» les autres propriétés. Elles seront cadastrées et imposées.

» Art. 26. Demeureront toujours réservés sur le domaine privé
» laissé par le roi décédé, les droits de ses créanciers, et les droits
» des employés de sa maison, à qui des pensions de retraite seraient
» dues par imputation sur un fonds provenant de retenues faites
» sur leurs appointements. »

Toutes les obligations imposées par cette loi au roi Louis-Philippe ont été strictement remplies par lui et par ses enfants. Les biens composant son domaine privé ont été, comme les biens des particuliers, cadastrés et soumis à l'impôt commun. Ces mêmes biens, lorsqu'il est tombé du trône, sont demeurés chargés du paiement des dettes contractées et des pensions accordées pendant son règne ; et chaque jour, depuis, leur revenu et une partie de leur capital ont servi à l'acquittement des unes et des autres.

Pendant près de vingt années, cette loi de 1832 a été pour le roi Louis-Philippe la loi du père de famille. Sous la protection des dispositions que nous venons de rappeler, ses huit enfants se sont mariés. Tous ont apporté en dot, dans les familles étrangères auxquelles ils se sont alliés, les droits qui en résultaient pour eux (1). Sept traités de mariage en la forme diplomatique ont été conclus. Ces traités sont atteints par le décret du 22 janvier.

---

(1) Ainsi, dans le contrat de mariage de la reine de Belges se trouve la clause suivante :

« S. A. R. apporte audit mariage tous les droits de propriété qui lui sont acquis
» et qui lui appartiennent en vertu de la donation paternelle à elle faite par acte

Les testaments seraient détruits comme les contrats de mariage. Le Roi, en vertu de l'art. 22 de la loi de 1832, a fait ses dispositions testamentaires, et il les a combinées avec celles de son auguste sœur, la princesse Adélaïde, pour éviter le morcellement des grands corps de domaines que l'un et l'autre voulaient conserver intacts dans leur famille. À celui des enfants du Roi dont la part était plus grande dans une succession, l'autre succession donnait une part moindre ; les deux testaments établissaient ainsi, selon le vœu de leurs auteurs, une juste égalité entre les héritiers ; et de cet accord si naturel, si légitime, il résulte cependant la conséquence que, en même temps que par la confiscation des biens de la donation le testament du roi est, en principe, détruit, celui de sa sœur, en fait, est brisé.

Ce ne sont pas seulement les actes intervenus entre les membres de la famille d'Orléans qui sont mis en question par le décret ; il doit aussi anéantir ceux qui intéressent les tiers, actes d'emprunt, actes de vente, baux, locations, etc., etc.

Ainsi, il a été vendu, soit à l'amiable, soit par adjudication, pour 9,622,162 fr. des biens de la donation, qui sont aujourd'hui dans les mains de soixante-deux familles. Si l'acte du 7 août est nul, ces ventes ne sont-elles pas nulles aussi ?

Des baux ont été passés avec des fermiers, des emprunts ont été contractés, des hypothèques ont été consenties. Ces hypothèques, ces emprunts, ces baux, seront-ils également annulés ?

Des constructions considérables, des châteaux, des usines, etc., ont été élevés sur des terrains compris dans la donation du 7 août : que deviendront-ils ?

Enfin des pensions, des secours, que le Roi, dans sa bonté, a bien voulu maintenir après 1848, malgré l'exil, malgré les charges imprévues que la Révolution faisait peser sur ses biens, sont payés à d'anciens serviteurs, ou sont dus aux serviteurs actuels de la Maison. Quel sera le sort des titulaires de ces secours et de ces pensions, dont le chiffre annuel s'élève à près de 300,000 fr. ?

Ce que font les décrets du 22 janvier, la révolution de février ne l'a point voulu faire. La donation du 7 août fut respectée par le

---

» du 7 août 1830, ainsi que tous les droits qui lui appartiennent ou pourront lui » appartenir à tout autre titre et de quelque nature qu'ils soient. »

On retrouve exactement la même stipulation dans les conventions matrimoniales :

Du prince Alexandre, duc de Wurtemberg et de la princesse Marie d'Orléans ;

De M. le duc de Nemours et de la princesse Victoire de Saxe-Cobourg-Gotha ;

De S. A. S. le prince Auguste-Louis-Victor de Saxe-Cobourg-Gotha et de madame la princesse Clémentine d'Orléans ;

Du prince de Joinville et de la princesse Dona Françoise, fille de S. M. Dom Pedro, et sœur de l'empereur actuel du Brésil ;

Du duc d'Aumale et de S. A. R. madame la princesse Marie-Caroline-Auguste des deux-Siciles ;

Du duc de Montpensier et de S. A. R. la princesse Marie-Louise-Ferdinande, infante d'Espagne ;

Par ces mêmes conventions, *le douaire des princesses* est garanti par l'hypothèque légale de la princesse future épouse sur les biens immeubles compris dans la donation du 7 août.

Gouvernement provisoire ; et les rigueurs du pouvoir se bornèrent alors à un séquestre temporaire, étendu à toute la famille, mais qui n'affectait que la gestion des biens, sans méconnaître au fond le droit des propriétaires.

La donation du 7 août n'a point seulement échappé à la tourmente révolutionnaire de février. Depuis, et à toutes les époques, par l'Assemblée constituante en 1848, par l'Assemblée législative et par le Pouvoir exécutif en 1850, elle a été reconnue, consacrée.

Le 5 juillet 1848, une proposition est faite par un Représentant, M. Jules Favre ; elle a le même objet, elle s'appuie sur les mêmes motifs, elle se sert presque des mêmes termes que le décret du 22 janvier dernier. Elle n'est pas même défendue : et l'Assemblée (Assemblée constituante et souveraine) la rejette à l'unanimité.

Le 4 février 1850, l'Assemblée législative, loin de contester les effets de la donation, autorise le feu roi Louis-Philippe à consentir un emprunt qui serait hypothéqué sur les biens de cette donation ; et comme le Roi n'en avait conservé que l'usufruit, les Princes, nus-propriétaires, qui n'étaient pas personnellement obligés à la dette, interviennent spontanément pour engager ce patrimoine, et l'offrir en garantie aux créanciers de l'ancienne Liste civile. Enfin, le ministre des finances de M. le Président de la République concourt personnellement à cet emprunt, qu'il sanctionne de sa signature (1); et comme déjà il avait été pris au nom de l'Etat, créancier hypothécaire alors, sur ces mêmes biens dont il se prétend aujourd'hui propriétaire, une inscription de 26 millions, le ministre consent en faveur des prêteurs une antériorité d'hypothèques. leur donnant ainsi un gage qu'il reconnaissait à cette époque comme étant la propriété de leurs débiteurs communs.

Ce n'est pas tout. La Commission de l'Assemblée législative, saisie du projet de loi ministériel, ayant proposé de lever le séquestre qui pesait sur les biens particuliers de M. le prince de Joinville et de M. le duc d'Aumale, le ministre des finances (M. Fould), organe de la pensée du Gouvernement, est venu, *au nom de M. le Président de la République*, réclamer *une mesure plus équitable et plus juste*, en demandant que la levée du séquestre fût étendue aux biens compris dans la donation du 7 août (2).

Il y a de cela moins de deux ans !

N'est-ce pas assez pour établir que la propriété des biens auxquels s'appliquent les décrets du 22 janvier repose tout à la fois sur les titres les plus anciens, les plus incontestables, sur les actes émanés de trois gouvernements successifs, sur les lois de la République comme sur celles de la Monarchie ?

Il devrait suffire, dans une pareille question, d'invoquer les principes et les lois ; car ils couvrent d'une égale inviolabilité tous les

---

(1) Voici la clause de l'acte d'emprunt :

« De son côté, M. le ministre des finances déclare autoriser ces conventions.

» De plus, et en vertu des pouvoirs que lui confère le décret du 25 octobre 1848. M. le ministre des finances consent à ce que les inscriptions prises au profit de l'Etat soient primées par celles qui seront formées en vertu des présentes. »

(2) Séance de l'Assemblée législative du 4 février 1850. (Voir *Moniteur* du 5).

droits, tous les intérêts, et ne distinguent pas entre les possesseurs des plus riches patrimoines et ceux des plus pauvres héritages. Mais puisque les décrets du 22 janvier ont, parmi les motifs de leurs considérants, allégué l'importance de la fortune de la Maison d'Orléans, qu'ils estiment à 300 millions de francs, et que leur auteur consent à ne réduire qu'à 100 millions, nous devons, sur ce point aussi, opposer des chiffres exacts à des chiffres fictifs, et la vérité à l'erreur.

Le domaine actuel de la Maison d'Orléans se compose en partie de parcs, de châteaux d'un entretien dispendieux, et de propriétés telles que Neuilly, Monceaux, etc., d'un produit presque nul, et d'une réalisation très-difficile.

Le revenu annuel, calculé en moyenne sur les deux dernières années, et déduction faite des charges de propriété seulement, *contributions, frais de régie*, etc., s'établit ainsi :

1° Biens compris dans la donation du 7 août 1830 (déduction faite de ceux qui ont été aliénés depuis 1830) (1)... 1.109.000 fr,

2° Biens acquis par le Roi depuis 1830 partie invendue.. 175.000

3° Biens provenant de la succession de Madame Adélaïde 863.000

4° Biens appartenant en propre à la Reine, indépendamment de l'usufruit du domaine d'Aumale... 49.000

5° Biens appartenant en propre à M. le duc d'Aumale.. 900.000

Total.............. 3.096.000 (2)

De ce revenu, ou plutôt du capital qu'il représente, et qu'on ne peut pas, en raison même de la nature des biens, évaluer à plus de 103 millions, il faut retrancher une somme de 30 millions environ, montant des dettes qui restent encore aujourd'hui à acquitter par M. le duc d'Aumale et par les héritiers du Roi.

---

(1) Parmi ces biens se trouve le domaine d'Aumale, dont l'usufruit appartient à la Reine, en vertu du testament de Madame la Duchesse douairière, et dont la nue-propriété seulement a fait partie de la donation.

(2) Dans le détail de ces revenus, il n'est pas question du douaire de madame la duchesse d'Orléans. Ce douaire ne présente aucune question à discuter ni à résoudre. Le décret du 22 janvier n'y porte aucune atteinte ; et il n'aurait pu y toucher sans qu'il en résultât, nous ne disons pas une *confiscation*, mais une *banqueroute partielle*.
Ce douaire, en effet, constitué par le contrat de mariage dressé en forme diplomatique, du 4 avril 1837, a été confirmé par la loi spéciale du 7 mai suivant.— Après la mort de M. le duc d'Orléans, arrivée le 13 juillet 1842, il ne s'agissait plus que d'exécuter le contrat et la loi : et la somme de 300,000 fr. inscrite dans cette loi a été portée au budget de l'Etat comme portion de la *Dette publique*. La même disposition s'est reproduite chaque année jusqu'en 1848 ; et depuis la révolution de février, après une légère contradiction qui a cédé presqu'aussitôt devant le principe, le vote s'est renouvelé. C'est ainsi que le douaire a été porté au budget de la présente année 1852 ; en telle sorte que le décret du 22 janvier, en rappelant le douaire, ne fait autre chose que laisser à la dette son caractère, et à la loi son exécution pur et simple, *sans novation.*

Resterait donc.............. 73,000,000 fr. auxquels, pour plus d'exactitude, il convient d'ajouter une somme de 8 millions pour le mobilier et pour les immeubles non susceptibles de revenu.

Telle est, au vrai, dans l'état actuel, la fortune de tous les membres de la famille d'Orléans, constatée de la manière la plus exacte et la plus authentique, d'après les livres officiels de la comptabilité de la Maison. Tel a été, pour le patrimoine de cette famille, le résultat de l'avénement au trône de son auguste chef. Elle a perdu la propriété de l'apanage ; et, depuis 1848, elle consacre une partie de ses biens propres à l'acquittement d'obligations contractées presque en totalité pour l'accomplissement des devoirs d'une royauté qui n'est plus.

Maintenant, si l'on pouvait admettre que les décrets seront exécutés, voici quelles en seraient les conséquences :

La famille d'Orléans perd tous les biens compris dans la donation du 7 août 1830 ;

Et il lui reste :

En dehors de la fortune de M. le duc d'Aumale, qui est un patrimoine particulier, sur lequel les autres enfants n'ont aucun droit :

1º La fortune de la Reine , mais dont la plus grande partie se compose d'un usufruit, et ne constitue qu'une ressource malheureusement trop passagère ,

2º Les biens dont le Roi est devenu acquéreur depuis la donation du 7 août, et qui, après les aliénations destinées au paiement des dettes, pourront représenter environ un revenu de.... 100.000 fr.

3º Les biens de la succession de madame Adélaïde, qui, déduction faite des charges testamentaires et administratives, peuvent valoir environ................ 800.000

C'est un revenu total de......................... 900.000 fr.
à partager entre vingt-huit personnes, dont seize enfants mineurs ! Et les propriétés sur lesquelles il est assis, des propriétés comme *Randan*, *Arc*, doivent être vendues dans le délai d'un an !

Voilà les faits dans toute leur vérité.

Le mandataire des enfants du Roi Louis-Philippe demande, au nom de cette auguste famille, aux jurisconsultes qui ont bien voulu répondre à son appel, de dire quels sont les moyens légaux de résister à cette violation du droit sacré de la propriété.

Paris, 4 février 1852.

Le Mandataire,

Ed. BOCHER.

CONSULTATION.

Les Conseils soussignés,

Vu le mémoire à consulter ci-contre, présenté au nom de la famille d'Orléans par M. Bocher, son mandataire ;

Vu les décrets du 22 janvier 1852, insérés au *Moniteur* et au *Bulletin des Lois*, affichés et publiés ;

Vu la réclamation contre ces décrets, adressée le 26 janvier à M. le Président de la République par MM. Dupin, Laplagne-Barris, le duc de Montmorency, le comte de Montalivet et Scribe, exécuteurs testamentaire du feu roi Louis-Philippe :

Consultés sur le caractère légal et la portée du second de ces décrets, ainsi que sur la juridiction à laquelle doit être déférée la question de propriété qu'il soulève ;

Sont d'avis :

1º Que, lorsque les décrets du 22 janvier ont été rendus, les Princes de la maison d'Orléans étaient propriétaires incommutables des biens qui forment l'objet du second de ces décrets ;

2º Que ce décret n'a pu enlever à la famille d'Orléans la propriété des biens dont il s'agit ;

3º Que ce même décret ne forme pas obstacle à ce que la question de propriété entre l'Etat et la famille d'Orléans, et toutes les contestations accessoires qui peuvent s'y rattacher soient portées devant les tribunaux.

Ces trois propositions vont être successivement justifiées.

§ 1er.

Lorsque les décrets du 22 janvier ont été rendus, les Princes de la Maison d'Orléans étaient propriétaires incommutables des biens qui forment l'objet du second de ces décrets.

Les biens auxquels s'appliquent le second décret du 22 janvier dernier appartenaient, à titre purement patrimonial, à Louis-Philippe, duc d'Orléans. Aucun de ces biens n'avait une origine domaniale ni apanagère ; c'est un point constant et que le décret ne révoque aucunement en doute.

L'unique motif de ce décret est que les biens dont il s'agit se seraient trouvés réunis au domaine de l'Etat par l'avènement de Louis-Philippe à la Couronne.

Si ce motif est erroné, le décret manque absolument de base : les biens sont restés sous l'empire du droit commun ; ils ont été transmis patrimonialement par le père aux enfants ; ils sont protégés par la force invincible du principe de l'inviolabilité de la propriété, qui a trouvé sa consécration dans toutes les Constitutions, sans en excepter celle du 14 janvier 1852. (Voir l'article 26, n° 1er, de cette Constitution.)

Or, trois raisons, également décisives, repoussent l'idée de la réunion de ces biens au domaine de l'Etat.

PREMIÈRE RAISON.

Les lois de l'ancienne monarchie, aux termes desquelles les biens particuliers du Prince qui parvenait au trône étaient de plein droit et à l'instant même réunis au domaine de l'Etat, n'étaient pas applicables à la Royauté établie en 1830.

Les lois qui ordonnaient cette réunion, et notamment l'édit de 1607, étaient fondées sur l'essence même de la Monarchie traditionnelle.

Il y avait une famille auguste qui se trouvait identifiée avec l'Etat, qui avait participé à toutes les grandeurs et à toutes les gloires de la France, et qui, par des réunions successives, de provinces et de fiefs, avait rétabli l'unité nationale détruite sous les faibles successeurs de Charlemagne. Ses devoirs étaient d'accord avec ses droits. Le sceptre était assuré à perpétuité à l'aîné de cette famille, et réciproquement, cet aîné appartenait au pays ; il se *consacrait* et se *dédiait* à lui, comme dit Henri IV dans l'édit de 1607 (1). Il ne devait donc conserver rien en propre, car il ne pouvait avoir d'intérêts distincts de ceux de l'Etat ; et d'ailleurs, à quoi lui auraient servi des biens propres ? Est-ce que la fortune publique n'était pas là pour pourvoir à ses dépenses privées, aussi bien qu'à l'éclat de sa haute situation ?

Est-ce que l'avenir de ses enfants n'était pas assuré ? et le nom d'*enfants de France* qu'on leur donnait n'expimait-il pas la condition toute spéciale dans laquelle ils se trouvaient placés ?

Après la mort du roi, son successeur le remplaçait sans intervalle et sans condition. Il y avait changement de personne, mais perpétuité de pouvoir ; et cette chaîne, qui n'avait jamais été interrompue dans le passé, s'offrait avec le même caractère de continuité dans l'avenir.

Cette union du royaume et de la race royale, que l'édit de 1607 avait encore qualifiée de *mariage saint et politique*, devait nécessairement entraîner l'incorporation au domaine de la couronne des biens privés du Prince qui montait sur le trône.

Toutes ces raisons sont parfaitement déduites par Lefebvre de La Planche. « La personne privée (dit-il) ne peut plus exercer de droit » de possession ni de propriété ; elle est entrée dans un nouvel être » dans lequel elle se confond ; et elle y est entrée telle qu'elle était

---

(1) Par cette loi (dit Merlin), Henri IV reconnaît que *les Rois ses prédécesseurs* » *se sont dédiés et consacrés au public, duquel ne voulant avoir rien de distinct* » *et séparé, ils ont contracté avec leur couronne une espèce de mariage saint et* » *politique,* par lequel ils l'ont dotée de toutes les seigneuries qui, à titre particulier, pouvaient leur appartenir ; en sorte que, s'il y a eu des réunions expresses, elles ont plutôt déclaré le droit commun, que rien déclaré de nouveau en » faveur du royaume.

» avec tous ses droits. Le Prince se donne lui-même sans réserve et
» *pour l'éternité ; il n'a nulle inquiétude à avoir pour l'avenir ; sa posté-*
» *rité est celle de l'Etat ; ses enfants sont les enfants de la France.* »

Sous la Monarchie du droit traditionnel, rien n'était plus équitable
et plus logique que ces maximes.

Maintenant, supposez, au contraire, une dynastie nouvelle s'éta-
blissant après une révolution en vertu d'un pacte ou d'une élection
qui n'emprunte rien à la loi de l'ancienne Monarchie, est-ce qu'il
sera possible de lui appliquer les mêmes règles, et de dire que son
patrimoine privé se trouve, de plein droit, fondu dans celui de
l'Etat ?

Il est manifeste que non.

Aucun des motifs ci-dessus exposés ne saurait militer en faveur
d'un tel système.

Sous le régime de la Monarchie traditionnelle, l'héritier présomptif,
à qui la couronne était assurée, devait à son tour au pays sa personne et ses biens ; il y avait un lien réciproque établi d'avance, et
c'était en vertu de ce lien, formé par la loi fondamentale du pays, et
fortifié par la puissance des souvenirs historiques, que tout ce qui
appartenait au Prince au jour de son avènement était, de plein droit,
réuni au domaine de l'Etat.

Mais, lorsqu'une dynastie nouvelle vient occuper le trône, ce ne
sont pas les principes antérieurs sur l'hérédité qui sont la source de
son pouvoir ; loin de là : le sceptre n'est remis entre ses mains que
contrairement à ces principes. Comment donc serait-elle soumise à
une obligation qui n'est que la conséquence de ces mêmes principes ?
Au lieu d'invoquer le droit traditionnel, elle le répudie ; on ne saurait donc plus l'invoquer contre elle ; et, comme l'ancienne règle qui
consacrait la réunion des biens du Monarque au domaine de l'Etat
dérivait de ce droit traditionnel, le chef de la nouvelle dynastie
échappe nécessairement à l'empire de cette règle.

« La personne du Roi (disait Gilbert, inspecteur général du do-
» maine de la Couronne) est tellement *consacrée* à l'Etat, qu'elle
» s'identifie en quelque sorte avec l'Etat même ; et comme tout ce
» qui appartient à l'Etat est réputé appartenir au Roi, tout ce qui
» appartient au Roi est réciproquement censé appartenir à l'Etat. »

M. Dalloz remarque avec raison que cette maxime devait dispa-
raître sous un ordre de choses qui n'avait plus pour base unique le
principe monarchique.

Si nous examinons la législation qui a précédé la révolution de
1830, la doctrine que nous venons d'exposer va se trouver confirmée
par les faits, c'est-à-dire par les phases diverses de cette législation.

Les décrets de l'assemblée Constituante de 1789 avaient limité le
pouvoir de Louis XVI ; mais ils n'en avaient pas changé l'origine :
c'était toujours comme aîné de la famille de Hugues Capet qu'il
occupait le trône. Aussi l'art. 6 de la loi du 22 novembre 1790 avait-il
reproduit la régle tracée par l'édit de 1607. Cet article veut que......
les biens particuliers *du Prince qui parvient au trône soient, de plein
droit et à l'instant même, unis au domaine de la nation, et que cette union
soit perpétuelle et irrévocable.*

Cet article prescrivait aussi la réunion au domaine national des *biens que le roi acquerrait* pendant son règne, à quelque titre que ce fût. Cette disposition était conforme aux anciennes traditions de la Monarchie ; car tout le monde connaît la réponse du procureur général de Harlay à Louis XIV :

« Sire, tout ce que vous acquérez en votre nom appartient à la » Couronne. »

L'art 7 exceptait, toutefois, les *acquisitions faites par le Roi, à titre particulier*. Elles étaient, pendant son règne, à sa disposition : ce temps passé, elles se réunissaient au domaine public. C'était une innovation dont nous indiquerons ci-après le motif.

Bientôt, la République remplaça la Monarchie ; mais en 1804 le régime monarchique reparut : l'Empire fut fondé. Quel système adopta-t-il relativement au domaine de la Couronne et aux biens particuliers du Prince? Se conforma-t-il à ce que le décret du 22 janvier dernier appelle l'*ancien droit public de la France* en cette matière?

Nullement ; et la raison en est simple : il ne s'appuyait pas sur le passé : c'était en lui-même, ou, si l'on veut, dans les votes du peuple qu'il trouvait sa consécration.

Le sénatus-consulte organique du 28 floréal an XII s'était borné à déclarer que la Liste civile resterait réglée ainsi qu'elle l'avait été par les art. 1er et 4 de la loi du 26 mai 1791, c'est-à-dire que l'Empereur devait, comme Louis XVI, avoir une Liste civile de 25 millions, et la jouissance des maisons, parcs et domaines énoncés dans cette loi du 26 mai 1791. Il avait ajouté que l'Empereur aurait des palais impériaux au quatre points principaux de l'Empire (art. 15 et 16 du sénatus-consulte de l'an XII). Mais rien n'avait été décidé relativement au système domanial. Le sénatus-consulte du 30 janvier 1810 y pourvut par des dispositions très-étendues (il n'a pas moins de 90 articles). Tout fut réglé par ce sénatus-consulte, relativement à l'Empereur régnant, à ses successeurs, aux Princes de sa famille, au domaine de la Couronne, aux apanages et aux douaires des Impératrices.

Y trouve-t-on une disposition semblable à celle de l'ordonnance de 1607 et de la loi du 22 novembre 1790? Y est-il dit que les biens qui appartiendront à l'Empereur lors de son avènement au trône, seront, de plein droit et à l'instant même, réunis au domaine de la Couronne? Non ; cette règle, que le décret du 22 janvier dernier qualifie de *règle fondamentale de la Monarchie*, ne figure pas dans le sénatus-consulte de 1810, et elle ne devait pas y figurer ; car la Monarchie impériale n'avait rien de commun avec l'antique Monarchie des Rois de la troisième race, et ce qui était conforme à la nature de celle-ci aurait été contraire à la nature de celle-là.

Le sénatus-consulte de 1810 distingue trois sortes de domaines.

La première comprend les biens, meubles et immeubles qui forment la dotation de la Couronne, et qui sont inaliénables et imprescriptibles.

La seconde est le domaine extraordinaire, qui se compose des biens provenant de conquêtes.

Enfin, la troisième est le domaine privé.

« L'Empereur (porte l'art. 31 du sénatus-consulte) a un domaine
» privé, provenant, soit de donations, soit d'acquisitions; le tout con·
» formément aux règles du droit civil. »

Les biens appartenant à l'Empereur au moment de son avènement à la couronne faisaient évidemment partie du domaine privé.

« Les biens immeubles et droits incorporels du domaine privé de
» l'Empereur (porte l'art. 48) ne seront, en aucun temps et sous au-
» cun prétexte, réunis de plein droit au domaine de l'Etat; la réunion
» ne peut s'opérer que par un sénatus-consulte. »

L'Empereur pouvait disposer de son domaine, soit par acte entre
vifs, soit par testament, sans être lié par aucune des dispositions du
Code civil (art. 35).

S'il mourait *ab intestat*, les droits de ses héritiers aux biens du domaine privé étaient réglés par les art. 43, 44, 45, 46 et 47 ; et ce qu'il
y avait de remarquable, c'est que, s'il ne laissait que des princesses,
le parent en ligne collatérale qui lui succédait comme Empereur
avait droit à une part d'enfant (art. 46). Ainsi, les institutions impé-
riales, bien loin d'enlever au monarque appelé au trône les biens
qu'il possédait lors de son avènement, pour les réunir au domaine de
l'Etat, ajoutaient au contraire à son patrimoine privé, en lui confé-
rant un droit anormal d'hérédité dans le domaine privé de son pré-
décesseur, lorsqu'il n'était pas le descendant en ligne directe de
celui-ci.

C'était exactement le contre-pied des règles de l'ancienne Monarchie et la négation absolue de cette maxime de l'édit de 1607, que le
monarque ne devait avoir *rien de distinct et de séparé.*

Les faits ont été parfaitement d'accord avec le droit: L'Empereur
Napoléon possédait des biens au moment de son avènement au
trône : il avait, entre autres, le domaine de La Malmaison; ce domaine ne devait pas être et n'a pas été réuni au domaine de l'Etat.

Les observations qui précèdent ont d'autant plus d'importance,
que les institutions et les actes de l'époque impériale sont aujour-
d'hui, en beaucoup de points, présentés comme modèles.

En 1814, la Restauration vient *renouer la chaîne des temps*, comme
le porte le préambule de la Charte de Louis XVIII ; ce monarque
s'asseoit sur le trône de ses pères, en vertu du droit traditionnel; et,
par une conséquence invincible, l'ancienne maxime sur le droit
de la réunion à la Couronne des biens privés du monarque, doit reprendre son autorité immémoriale : aussi se trouve-t-elle consacrée
par l'art. 20 de la loi du 8 novembre 1814, ainsi conçu :

« Les biens particuliers du Prince qui parvient au trône sont,
» de plein droit et à l'instant même, réunis au domaine de l'Etat, et
» l'effet de cette réunion est perpétuel et irrévocable. »

Ainsi, en ce qui concerne les biens appartenant au monarque au
moment de son avènement au trône, les termes de la loi sur la Liste
civile et la dotation de la Couronne étaient exactement semblables
à ceux de la loi du 22 novembre 1790.

Ils ne différaient même que très-peu de cette loi de 1790, quant aux biens que le roi pouvait acquérir pendant son règne ; ces biens, qualifiés *domaine privé*, n'étaient pas, de plein droit, réunis au domaine de l'Etat ; ils ne l'étaient qu'autant que le Roi n'en avait pas disposé, soit entre vifs, soit par testament. Dans ces dispositions, le Roi n'était pas lié par les règles du Code civil. C'était en ce dernier point que consistait la dérogation à la loi de 1790. S'il mourait sans avoir disposé, la réunion au domaine de l'Etat s'opérait immédiatement. Ainsi, il n'y avait aucun changement au droit de l'ancienne Monarchie, à l'égard des biens que le Roi possédait au moment de son avènement au trône ; il n'y en avait que relativement aux biens acquis depuis cet avènement, et déjà le changement sur ce dernier point existait en grande partie dans la loi de 1790.

Ce changement s'explique facilement. Sous l'ancien régime, il n'y avait pas de Liste civile ; le trésor royal subvenait indistinctement aux dépenses de l'Etat et aux dépenses personnelles du Roi. Le Roi ne pouvait acheter qu'en puisant dans le Trésor ; et, par conséquent, toute acquisition par lui faite l'était au moyen de deniers publics. La Charte de 1814 ayant décidé, comme la Constitution de 1791, que le Roi aurait une Liste civile (art. 23), il pouvait employer à des acquisitions les économies faites sur cette Liste civile, et par conséquent avoir un domaine privé.

Le système de la Restauration différait donc d'une manière notable de celui de l'Empire. Il en différait essentiellement quant aux biens existants au moment de l'avènement du monarque, dont il prescrivait, conformément aux anciennes lois de la Monarchie, la réunion immédiate et de plein droit au domaine de l'Etat, ce que le système de l'Empire n'avait pas fait. Il en différait, à certains égards, quant aux biens acquis depuis l'avènement du Roi, puisque, d'une part, il n'admettait pas de succession *ab intestat* à ces biens, comme l'avait fait le sénatus-consulte de 1810, et que, d'autre part, il ordonnait la réunion de ces biens au domaine de l'Etat, dans le cas où le Roi n'en disposait pas, tandis que le sénatus-consulte portait que la réunion ne pourrait avoir lieu que de l'autorité du Sénat.

Tel était l'état des choses au moment de la révolution de 1830.

Louis-Philippe, duc d'Orléans, appelé au trône par les actes politiques du mois d'août, avait deux sortes de biens :

Des biens d'apanage,

Et des biens qui lui appartenaient à titre purement privé.

Les biens d'apanage ont été réunis au domaine de l'Etat par son avènement. Cette réunion s'est opérée immédiatement ; tout est consommé à cet égard ; Louis-Philippe n'a conservé aucun des objets qu'il possédait à titre d'apanage ; c'est un point incontestable et incontesté.

Mais quant aux biens privés, la réunion au domaine de l'Etat pouvait-elle résulter de l'acceptation par lui de la Couronne qui lui était offerte ?

C'est là que réside la question ; car, nous ne saurions trop le répéter, le décret du 22 janvier ne statue que sur des biens de cette dernière espèce.

Deux systèmes opposés se trouvaient en présence.

L'un avait existé sous l'Empire, parce qu'il était conforme à la nature d'une Monarchie nouvelle ;

L'autre avait existé sous la Restauration, parce qu'il était la re-production du droit séculaire de l'ancienne Monarchie, et que ce droit, modifié dans le sens d'une sage liberté par la Charte de 1814, quant aux garanties des citoyens et aux formes du Gouvernement du Roi, ne l'avait été en aucune manière relativement aux règles de la succession au trône, et avait, au contraire, reçu à cet égard la plus solennelle consécration.

De ces deux systèmes, quel était celui qui s'adaptait à l'ordre de choses établi au mois d'août 1830 ?

Le premier, évidemment, puisque la Maison d'Orléans arrivait à la Couronne comme dynastie nouvelle, et avec une solution de continuité manifeste entre le passé et l'avenir.

Ainsi, faisons abstraction pour un moment de la donation du 7 août, dont nous nous occuperons plus tard ; raisonnons hypothétiquement, comme si cette donation ne fût pas intervenue. Les biens possédés à titre purement patrimonial par Louis-Philippe, et qui sont les seuls dont il s'agit aujourd'hui, n'auraient pas été réunis au domaine de l'Etat ; ils seraient restés sa propriété personnelle, car on n'aurait pu appliquer, ni l'édit de 1607, ni la loi du 22 novembre 1790, ni celle du 8 novembre 1814, monuments et conséquences du droit traditionnel que la révolution de 1830 venait de b iser.

Dans l'hypothèse de la non-existence de la donation du 7 août, les Princes d'Orléans n'en seraient pas moins propriétaires ; seulement, au lieu de l'être devenus en 1830, comme donataires, ils le seraient devenus au moment du décès de leur père, comme légataires ou héritiers.

La loi du 2 mars 1832 sur la Liste civile du nouveau règne a reconnu et consacré cette doctrine ; nous disons avec intention *reconnu* et *consacré*, car elle ne l'a pas créée ; elle lui a seulement imprimé le sceau de son autorité, comme le législateur le fait quelquefois à l'égard d'un droit préexistant qu'il déclare, et auquel il rend hommage.

« Le Roi (porte l'art. 22 de cette loi) *conservera la propriété des*
» *biens qui lui appartenaient avant son avènement au trône ;* ces biens
» et ceux qu'il acquerra à titre onéreux pendant son règne compo-
» seront son domaine privé. »

L'article 23 ajoute que « le Roi peut disposer de son domaine
» privé, soit par acte entre vifs, soit par testament, sans être as-
» sujetti aux règles du droit civil qui limitent la quotité dispo-
» nible. »

Si les principes et les faits qui précèdent avaient été mieux connus des conseillers qui ont proposé au chef de l'Etat le décret du 22 janvier, ils n'auraient pas inséré dans ce décret des expressions qui contiennent un blâme contre le législateur de 1832.

« Considérant (porte ce décret) que les biens compris dans la
» donation du 7 août *se trouvant irrévocablement incorporés au do-*

» *maine de l'Etat,* n'ont pu en être distraits par les dispositions de
» l'article 22 de la loi du 2 mars 1832 ; que ce serait, contrairement
» à tous les principes, attribuer un *effet rétroactif* à cette loi, que de
» lui faire valider un acte radicalement nul *d'après la législation*
» *existante* à l'époque où cet acte a été consommé ; que d'ailleurs
» cette loi, *dictée dans un intérêt privé par les entraînements d'une po-*
» *litique de circonstance,* ne saurait prévaloir contre les droits per-
» manents de l'Etat et les *règles immuables du droit public.* »

Non, il n'y avait pas de *législation existante* en vertu de laquelle la
réunion dût s'opérer de plein droit ; car cette législation était propre
à la Monarchie traditionnelle, et étrangère à la Monarchie de
1830.

Il n'y avait pas, sur ce point, de *règles immuables de droit public ;*
car celles que l'Empire avait adoptées étaient totalement différentes
des maximes et des dispositions de l'ancien *droit public* français ;
elles s'en éloignaient encore plus que ne l'a fait la loi de 1832 ; personne ne s'en est jamais plaint ; et certainement ce ne sera pas au
nom du neveu de l'Empereur qu'on donnera le signal d'une critique
à ce sujet.

Enfin, les Chambres de 1832 n'ont pas mérité le reproche d'avoir
cédé aux *entraînements d'une politique de circonstance,* et d'y avoir
sacrifié les *droits permanents de l'Etat ;* car la loi de 1832 est conforme
à l'essence même du gouvernement établi en 1830 ; et il importe de
remarquer que l'article 22 fut adopté sur la proposition d'un Député
de l'opposition, M. Eusèbe Salverte, qui voyait dans cette disposition un moyen de mieux caractériser la révolution de juillet et de la
séparer plus nettement du régime antérieur. Il faut ajouter que jamais dans les Chambres, où le langage de l'opposition a été quelquefois si vif, il ne s'est élevé aucune expression de blâme ni même
de regret à l'égard de cette disposition ni à l'égard de l'acte du
7 août.

La propriété de la Maison d'Orléans et l'existence de cette propriété, à l'époque de 1832, ont donc été reconnues par la loi sur la
Liste civile, et cette reconnaissance emporte invinciblement la négation de la prétendue réunion qui se serait effectuée en 1830.

Les lois qui ne contiennent que des règles générales et abstraites
peuvent toujours être abrogées ; et, quand leur abrogation a lieu,
elles perdent toute autorité à partir de l'abrogation.

Mais il en est autrement de celles qui ont reconnu le droit d'une
personne, soit que ce droit consiste dans la propriété d'un objet, soit
qu'il dérive d'un contrat. La loi devient alors irréfragable ; elle par-
ticipe à l'inviolabilité de la propriété et des conventions. Son abrogation est d'autant plus impossible, qu'elle serait nécessairement
entachée *d'effet rétroactif,* puisqu'elle porterait atteinte à des droits
acquis et proclamés. Or, qu'est-ce que le décret du 22 janvier, si ce
n'est l'abrogation des articles 21 et 22 de la loi de 1832, puisque ces
articles portent que le roi Louis-Philippe *conservera les biens qui lui*
appartenaient avant son avènement au trône, tandis que le décret décide que ces biens ont été réunis au domaine de l'Etat à l'époque du
mois d'août 1830 ? Les rédacteurs du décret se sont avec raison mon-
trés ennemis de tout *effet rétroactif ;* mais, à leur insu, ils sont tom-

bés dans l'erreur même qu'ils ont si injustement reprochée au législateur de 1832.

Les art. 22 et 23 de la loi 1832 ne sont pas un hors-d'œuvre dans cette loi ; ils ont un rapport direct avec son objet, et sont inséparables de ses autres dispositions. En effet :

1° Il s'agissait de fixer le chiffre de la Liste civile du Roi. Quel devait être ce chiffre ? Il était nécessairement subordonné à la question de savoir si le Roi avait ou non des propriétés privées. Les Chambres ont donc dû examiner cette question, en formuler la solution dans la loi, et prendre en considération le revenu du domaine privé, pour déterminer le montant annuel de la Liste civile ;

2° La loi de 1832, après avoir accordé au Prince royal une somme annuelle d'un million, a disposé en ces termes, relativement aux fils puînés du Roi et aux princesses ses filles :

« *En cas d'insuffisance du domaine privé*, les dotations des fils puî-
» nés du Roi et des princesses ses filles seront réglés ultérieurement
» par des lois spéciales (art. 20). »

Il est évident que, si la famille d'Orléans n'avait pas conservé la propriété de son *domaine privé*, et que ce domaine eût été réuni au domaine de l'Etat, comme le suppose le décret du 22 janvier, il aurait été nécessaire d'accorder des dotations aux fils puînés. Aussi, plus tard, quand ces dotations ont été demandées, les a-t-on combattues et repoussées en prenant pour base la règle tracée par l'art. 20 de la loi de 1832, et en disant que le *domaine privé* était *suffisant* pour soutenir la dignité des Princes. Ainsi, non-seulemet la reconnaissance des droits de la famille d'Orléans sur le domaine privé a été juste et conforme aux principes fondamentaux du régime de 1830, mais encore elle a été utile à l'Etat, qui s'en est prévalu pour limiter ses obligations.

Les art. 20 et 22 font donc partie intégrante et nécessaire du système de la loi de 1832 ; s'ils n'existaient pas, ce système serait incomplet. Et par conséquent la propriété du domaine privé a été marqué par cette loi d'un cachet d'inviolabilité qu'il n'appartient à personne de briser.

La loi de 1832 était une loi contractuelle ; elle réglait les droits respectifs du Roi et de l'Etat ; à côté de certains avantages, elle stipulait des charges et des obligations onéreuses ; le tout était coordonné, et ce n'est pas après vingt ans d'exécution qu'il est possible d'en anéantir les effets.

SECONDE RAISON.

Jusqu'ici, nous avons fait abstraction de la donation du 7 août, et il résulte de ce qui précède que, lors même que cette donation n'aurait pas existé, la réunion des biens du Roi Louis-Philippe au domaine de l'Etat ne se serait pas opérée.

Cette démonstration écarte sans retour les appréciations morales qu'on lit avec douleur dans le décret du 22 janvier.

L'acte du 7 août aurait *soulevé la conscience publique...* En se réservant l'usufruit des biens compris dans la donation, Louis-Philippe ne se dépouillait de rien, et voulait seulement *assurer à sa famille un patrimoine devenu celui de l'Etat. « La fraude à une loi d'ordre public n'existe pas moins lorsqu'elle est concertée en vue d'un fait certain qui doit immédiatement se réaliser. »*

La *fraude*, où est-elle ! Comment pourrait-elle exister, puisque l'acte du 7 août n'était pas nécessaire pour empêcher la réunion, qui n'aurait eu lieu dans aucun cas ? Le sentiment de la justice, joint à celui du respect pour la tombe, n'aurait-il pas dû détourner les rédacteurs du décret, de le présenter dans de pareils termes à la signature du chef du Gouvernement ?

Mais, maintenant, plaçons-nous dans une supposition tout-à-fait gratuite : admettons pour un moment que l'édit de 1607, la loi de 1790 et celle de 1814 eussent été applicables ; que la donation du 7 août eût été une précaution ; que cette précaution n'eût pas été superflue, qu'elle eût eu pour effet, en même temps que pour but, de préserver la fortune personnelle de Louis-Philippe de cette application : où serait alors la fraude, et où trouverait-on la cause de nullité de cette donation ? Il nous est impossible de le concevoir.

Sous l'ancienne Monarchie, par la force du droit héréditaire, et selon l'adage *le Roi est mort, vive le Roi*, le caractère royal s'imprimait immédiatement sur la personne du successeur du Monarque décédé ou abdiquant, et les biens de ce successeur se trouvaient au même instant acquis à l'Etat. Tout ce que le nouveau Roi aurait essayé de faire après son avènement, pour soustraire ses biens à la réunion, aurait été blâmable, et surtout entièrement inefficace. Il n'avait pas d'ailleurs à se plaindre : héritier présomptif de la Couronne, il avait d'avance connu sa haute destinée ; il avait donc pu et dû diriger ses affaires privées de manière à assurer le sort de ses fils puînés et de ses filles.

Mais telle n'était pas la situation du Roi Louis-Philippe.

A la suite d'une révolution violente et imprévue, le trône, auquel sa naissance ne l'appelait pas, lui était subitement offert par la résolution de la Chambre des Députés du 7 août 1830, *moyennant l'acceptation des dispositions et propositions* contenues dans cette résolution. S'il acceptait, ses biens apanagers étaient nécessairement réunis au domaine de l'Etat ; et c'est ce qui a eu lieu. Mais, père de huit enfants, devait-il exposer le patrimoine entier de sa famille à des chances dont les évènements de 1848 ont fait connaître la réalité ?

Les conditions posées dans la résolution du 7 août n'ayant aucun rapport direct ni indirect avec sa fortune privée, ne pouvait-il pas, en toute loyauté, n'accepter la couronne qu'après avoir transmis à ses enfants la propriété de cette fortune?

Quel tort faisait-il à l'Etat ? aucun. Car l'Etat n'avait jamais pu compter sur cette fortune ; il n'avait pu y compter, ni d'après le droit héréditaire, qui n'appelait pas le duc d'Orléans à la royauté, ni d'après la résolution du 7 août, puisqu'elle était tout-à-fait étrangère aux biens. Louis-Philippe avait donc, à tous les points de vue, sous le rapport moral comme sous le rapport légal, la pleine liberté de ne formuler son *acceptation* qu'après avoir disposé en faveur

de ses enfants des biens qu'il possédait à titre privé, et non apanager.

C'est ce qui a eu lieu, et il n'est arrivé au trône que dans cette
situation.

Supposons qu'il ne l'eût pas fait, et suposons, en outre, que la
législation de 1607, de 1790 et de 1814 eût été applicable à ses biens,
l'État en serait aujourd'hui propriétaire ; mais cette propriété ne
serait-elle pas un de ces droits qui blessent l'équité et qui révoltent
la conscience ?

Quoi ! ces biens n'auraient été dévolus à l'Etat qu'en conséquence
et en considération de la création d'une royauté établie à *perpétuité*
en faveur de Louis-Philippe et de ses *descendants* de *mâle* en *mâle*
par ordre de primogéniture (1) ; et la France, après avoir brisé cette
royauté, du vivant même de Louis-Philippe, retiendrait ces mêmes
biens, sans respect pour sa propre dignité, et pour l'esprit du pacte
en vertu duquel ils lui auraient été transmis ! Elle aurait détruit la
cause de la réunion, et elle en conserverait le bénéfice ! Puisqu'il
faut reconnaître qu'un tel résultat choquerait toutes les notions de
l'équité, comment peut-on soutenir que la donation du 7 août, qui
met obstacle à ce qu'il ait lieu (toujours dans l'hypothèse de l'application possible de l'ancien droit sur la réunion), a été contraire au
devoir et à la délicatesse ?

Rien n'empêchait donc Louis-Philippe de se dessaisir, par cette
donation, de la propriété de ses biens en faveur de ses enfants. Elle
doit produire tous ses effets légaux. Elle a, comme le porte l'art. 894
du Code civil, *dépouillé actuellement et irrévocablement* le donateur de
la *chose donnée.*

Ainsi, au moyen de la donation du 7 août, Louis-Philippe n'était plus
propriétaire de ses biens non apanagers lorsque, le 9 du même mois
il est devenu Roi, par l'effet de son acceptation. Il suit de là que,
quand même l'édit de 1607, et les lois de 1790 et de 1814 seraient applicables (ce que nous contestons) à cette royauté qu'on a nommée
contractuelle, les biens de Louis-Philippe n'auraient pas été réunis
au domaine de l'Etat, puisqu'ils avaient cessé d'appartenir au nouveau Roi deux jours avant son avènement au trône.

Les rédacteurs du décret du 22 janvier répondent que, *par suite de
son acceptation, Louis-Philippe était roi dès le 7 août.*

C'est là une erreur manifeste. Louis-Philippe ne pouvait, aux
termes de la résolution du 7 août, devenir roi que *moyennant l'acceptation* des *propositions* et *dispositions contenues dans cette résolution.*
Or, il n'a accepté que le 9 ; la royauté ne date donc que de ce jour-là ;
en sorte que la donation étant consommée avant son avénement
au trône, les biens compris dans cette donation n'auraient pas été
atteints par la dévolution, même sous le régime de la Monarchie
traditionnelle.

Il suffit d'ailleurs, pour s'en convaincre, de lire le *procès-verbal* de
la séance du 9 août. Il porte en tête que........ « MM. les Pairs et
» MM. les Députés, sur la convocation de *Monseigneur Louis-Philippe*
» *d'Orléans, duc d'Orléans, lieutenant général du Royaume,* » etc.

---

(1) Résolution du 7 août.

Le *duc d'Orléans* n'était donc pas encore roi.

Puis le procès-verbal constate que le Prince a lu *l'acceptation sans restriction ni réserve des clauses et engagements que renferme la déclaration du 7 août, et le titre de Roi qu'elle lui a conféré.*

Après cette déclaration, M. le duc d'Orléans n'est encore qualifié que d'*Altesse Royale*, parce qu'il lui reste à prêter serment.

Mais, immédiatement après la prestation du serment, le procès-verbal porte que « *Sa Majesté Louis-Philippe I*er, *Roi des Français*, s'est » placée sur le trône, etc. »

Le moment où l'existence de la royauté a commencé est donc parfaitement précisé ; ainsi, Louis-Philippe n'était encore que *duc d'Orléans* lorsqu'il a fait la donation du 7 août ; et au moment de son avénement à la Couronne il n'était plus propriétaire des biens dont il s'agit.

La loi du 2 mars 1832 a si bien reconnu que la royauté ne datait que du 9 août, qu'elle contient une disposition transitoire ainsi conçue : « La présente Liste civile aura son effet *à partir du 9 août* 1830. » On ne contestera certainement pas en 1852, au législateur de 1830 et 1832, le droit de déterminer le jour précis auquel devait commencer la royauté qu'il venait lui-même de fonder.

Les jurisconsultes qui ont proposé à M. le Président de la République le décret du 22 janvier ont confondu la condition apposée à un contrat consenti par toutes les parties, avec l'acceptation d'un contrat par l'une des parties.

Lorsqu'un contrat parfait par le consentement de toutes les parties est subordonné à une condition, et que cette condition vient à s'accomplir plus tard, elle a un effet *rétroactif au jour auquel l'engagement a été contracté* (1).

Mais lorsqu'un contrat proposé par l'une des parties n'est accepté que plus tard par l'autre partie, *l'engagement* et les droits qui en résultent ne datent que du jour de l'acceptation ; jusque-là, il n'existait aucun lien, il n'y avait pas de convention, mais un simple projet de convention.

Ces principes, élémentaires en droit privé, s'appliquent au droit public toutes les fois qu'on procède par la voie conventionnelle ; ainsi, de même qu'elles régissent les traités diplomatiques, de même elles doivent régir les pouvoirs de l'Etat lorsqu'ils ont un caractère contractuel.

Aussi les rédacteurs du décret, comprenant la faiblesse de leur argumentation, ont-ils essayé de recourir à cette imputation de *fraude* que nous avons si complétement réfutée, et sur laquelle il serait aussi pénible que superflu de revenir. Cette idée une fois écartée, la transmission de propriété résultant de la donation du 7 août est inattaquable, même dans la supposition, inadmissible selon nous, que les anciens principes établis pour les *rois de France* pussent être applicables au *roi des Français*.

La question fût-elle régie par l'édit de 1607, la loi de 1790 et la loi de 1814, au lieu de l'être par le principe que les articles 22 et 23 de

---

(1) C. c., art. 1179.

la loi de 1832 ont reconnu et consacré, la donation du 7 août n'en conserverait pas moins sa force et son intégrité ; et cette donation formerait un obstacle invincible au système de la dévolution ; car l'Etat n'aurait pu, le 9 août, recevoir du Roi des biens dont celui-ci s'était dépouillé deux jours auparavant.

TROISIÈME RAISON.

Nous n'avons encore considéré les choses qu'à leur origine, et nous avons démontré que, dès l'époque de 1830 et 1832, le droit de propriété de la Maison d'Orléans sur son domaine privé était incontestable.

Mais supposons qu'il pût rester quelques doutes à cet égard, ils auraient été levés par des actes subséquents dont l'autorité ne saurait être récusée.

La révolution de 1848 s'était accomplie : les Princes d'Orléans ne pouvaient attendre des nouveaux pouvoirs ni faveur ni sympathie ; mais ils pouvaient en attendre une justice impartiale, et ils l'ont obtenue.

Le Gouvernement provisoire s'est borné à mettre sous le séquestre les biens du domaine privé. Cette mesure était expliquée par les motifs suivants :

« Considérant que les biens du domaine privé de l'ex-roi doivent » être la garantie des créanciers de l'ancienne Liste civile ;

» Considérant que l'Assemblée Nationale sera appelée à décider » les questions relatives aux biens privés de la famille royale..... » (Décret du 26 février.)

M. Garnier-Pagès, dans un rapport du 9 mars, après avoir déclaré que les biens de l'ancienne Liste civile avaient fait retour au domaine de l'Etat, ajoutait ces paroles remarquables : « Il est bien » entendu que *le domaine privé n'est point compris dans cette mesure,* » et qu'il *reste provisoirement sous le séquestre* à la disposition de » l'Assemblée Nationale. »

On voit que le Gouvernement provisoire avait le sentiment du droit de propriété de la Maison d'Orléans, et qu'il ne croyait pas à la réunion des biens particuliers de cette Maison au domaine de l'Etat.

Cependant l'Assemblée Nationale se réunit, et M. Jules Favre, usant de son droit d'initiative, lui soumet une proposition ayant pour objet de faire décider que « les biens meubles et immeubles » composant le domaine privé de l'ex-roi Louis-Philippe sont acquis » au domaine de l'Etat. »

Les motifs à l'appui de cette proposition étaient précisément ceux sur lesquels repose le décret du 22 janvier.

M. Jules Favre disait que « la donation du 7 août 1830 devait être » considérée comme nulle et entachée de fraude ; que, purement » fictif, cet acte n'avait eu pour but que d'empêcher la réunion légale des biens de M. le duc d'Orléans au domaine de la Couronne, » conformément aux anciens principes. »

Le comité des finances délibère sur cette proposition, et il charge M. Berryer, son rapporteur, de soumettre à l'Assemblée un projet de décret, qui, en écartant la proposition de M. Jules Favre, ordonne diverses mesures provisoires relatives aux biens placés sous le séquestre. La proposition de M. Jules Favre est combattue dans ce rapport par les principes qui servent de base à la présente consultation, et on y lit notamment le passage suivant :

« Loin de rechercher dans les circonstances présentes une occa-
» sion d'annuler un tel acte, la justice, la bonne foi, la dignité natio-
» nale doivent l'entourer d'un respect plus sévère. Désormais *les*
» *donataires de la nue-propriété* des biens *patrimoniaux de la Maison*
» *d'Orléans* n'en peuvent être dépossédés que par *une violation mani-*
» *feste du contrat*; déclarer ces biens acquis par l'Etat, ce serait *con-*
» *sacrer une atteinte violente au droit de propriété,* » etc.

M. Jules Favre ne se présente pas même pour soutenir sa proposition : elle est écartée; et le projet de la Commission sur les mesures provisoires est adoptée à l'unanimité par l'Assemblée, le 25 octobre 1848. Plusieurs des dispositions de ce décret reconnaissent le droit de propriété de la Maison d'Orléans. Nous nous bornerons à citer l'article 5, ainsi conçu : « Le conseil des Ministres fixera » une provision sur les revenus actuels *pour chacun des* PROPRIÉ-
» TAIRES. »

Ainsi, l'Assemblée de 1848, qui réunissait tous les pouvoirs de la souveraineté, a consacré une seconde fois ce droit de propriété, déjà proclamé par le législateur de 1832.

Apparemment, on ne dira pas de cette seconde loi, comme on l'a dit de la première, qu'elle est due aux *entraînements d'une politique de circonstance.* Si, en 1848, on avait suivi les entraînements de la *politique de circonstance,* au lieu de s'attacher à la justice, à la morale, au respect de la propriété et à la dignité nationale, avons-nous besoin de dire que ces *entraînements* auraient été décisifs contre une famille dont le trône venait d'être renversé, et qui avait été exclue du sol de la patrie? C'était une Assemblée républicaine qui statuait à l'égard d'une maison princière; mais cette Assemblée s'éleva dans cette journée au-dessus des passions et des préjugés de parti; ce sera pour elle un éternel honneur !

Ce n'est pas tout : la dernière Assemblée législative a marqué une troisième fois du sceau de la consécration légale le droit de propriété des Princes de la Maison d'Orléans. Une loi du 4 février 1850 contient la disposition suivante : « A partir de cette époque (le 1er août » 1850), *le séquestre sur les biens du domaine privé sera levé.* »

Et (chose bien remarquable !) qui a eu l'initiative de cette disposition ? — M. Fould, alors ministre des finances.

La Commission de l'Assemblée s'était bornée à proposer la levée du séquestre, en ce qui concernait les biens particuliers de M. le Prince de Joinville et de M. le duc d'Aumale. M. Fould est venu, *au nom de M. le Président de la République, réclamer une mesure* plus *équitable* et *plus juste,* en demandant que la levée du séquestre fût étendue aux biens compris dans la donation du 7 août; et cette proposition a été adoptée.

La même loi a encore reconnu le droit de propriété de la Maison d'Orléans, en *autorisant* LES DÉBITEURS et le *liquidateur général à emprunter* jusqu'à concurrence de 20 millions de francs, pour achever la liquidation des dettes de l'ancienne Liste civile, et à consentir inscription avec antériorité d'hypothèque sur l'Etat lui-même.

En est-ce assez ? Et, s'il en était autrement, combien faudrait-il de lois et d'actes du Gouvernement pour que la reconnaissance d'un droit fût irréfragable, et pour qu'il y eût dans la société humaine quelque chose de fixe, de stable et de consommé ?

Disons un dernier mot à ce sujet : à côté de cette série d'actes émanés de la puissance publique, il y a une autre série qui mérite d'être prise en sérieuse considération : c'est celle des dispositions privées ; et ces deux séries sont liées ensemble ; car les dispositions privées ont été faites sur la foi des actes de la puissance publique. Ces dispositions, dont le Mémoire à consulter contient l'énonciation, consistent dans les contrats de mariage, les testaments, et enfin les actes à titre onéreux.

LES CONTRATS DE MARIAGE.

Ils renferment tous la clause suivante :

« S. A. R. apporte au dit mariage tous les droits de propriété qui » lui sont acquis et lui appartiennent en vertu de la donation pater- » nelle à lui faite par acte du 7 août 1830, » etc., etc.

Ainsi les familles royales ou princières avec lesquelles ont été contractées des alliances par mariage se trouveraient frustrées. Croit-on que l'honneur de la France n'en fût pas atteint ?

A ce sujet, il ne faut pas oublier deux considérations :

La première, que l'inviolabilité des contrats de mariage des princes s'appuie à la fois sur le droit privé, comme celle des contrats de mariage des citoyens ordinaires, et sur le droit public, puisqu'ils sont passés en exécution de conventions diplomatiques.

La seconde, que, comme nous l'avons déjà dit, si les princes et princesses n'avaient pas apporté en mariage les droit incommutables que l'acte du 7 août leur conférait sur les biens du domaine privé, l'Etat aurait été tenu de leur constituer des dotations apanagères ou des dots. Il n'en a été dispensé que par l'existence du domaine privé. Aujourd'hui, on reprendrait, par un décret, le domaine privé, comme étant devenu la propriété de l'Etat par la prétendue dévolution de 1830, et on ne placerait pas les Princes dans la situation où ils auraient été, si le système de la dévolution avait prévalu en 1830 ou en 1832, puisque, dans cette hypothèse, ils auraient été dotés par l'Etat ; c'est-à-dire qu'on aurait le bénéfice sans les charges.

Ainsi se trouveraient successivement appliqués à une même famille deux principes contraires, celui de la *séparation* et celui de la *dévolution.* Ce ne peut, cependant, être que l'un ou l'autre ; car les appliquer tous les deux dans ce qu'ils ont d'onéreux, c'est vouloir une chose non-seulement injuste, mais encore impossible.

LES TESTAMENTS.

Ceux du roi Louis-Philippe et de madame la princesse Adélaïde ont été combinés de manière à éviter le morcellement des biens. Non-seulement cette harmonie serait détruite, mais encore la position des princes d'Orléans se trouverait très-inégale. Ceux qui ont reçu une part plus forte des biens de leur père, parce qu'ils en ont reçu une moins considérable des biens de leur tante, éprouveraient une lésion énorme.

LES ACTES A TITRE ONÉREUX.

Nous comprenons, sous cette domination, les aliénations de biens faisant partie du domaine privé, et les emprunts avec hypothèque sur les biens de ce domaine.

Toutes ces conventions ont pour base la propriété dont le décret du 22 janvier nie l'existence; et comme ce décret fait remonter le droit de l'Etat au mois d'août 1830, si l'on tirait la conséquence logique de cette décision, la position des tiers se trouverait mise en question.

Ce que nous venons de dire s'étendrait jusqu'aux pensions constituées par le feu Roi.

Comment ne pas reconnaître que tous ces droits appartenant à des tiers et ceux de la Maison d'Orléans se prêtent un appui réciproque?

Il y a une dernière considération que nous ne saurions omettre : elle est tirée de l'emploi que Louis-Philippe a fait de sa Liste civile et de la fortune privée de sa maison.

L'article 14 de la loi de 1832 l'autorisait à faire aux palais et domaines de la Couronne tous les changements qu'il jugerait convenables.

Il a largement usé de cette faculté ; la France le sait. Nous n'entrerons, à ce sujet, dans aucun détail; nous ne prononcerons que deux mots : *Versailles* et *Fontainebleau;* et nous nous bornerons à ajouter que de là est résulté un déficit considérable à prélever sur la fortune privée de la famille d'Orléans.

Si Louis-Philippe s'était considéré comme dépouillé par l'application de cet ancien droit qu'on invoque contre ses enfants, est-ce que, raisonnablement, moralement, paternellement, il aurait pu agir ainsi? Est-ce qu'il n'aurait pas été amené par la force des choses à faire des épargnes sur sa Liste civile, pour assurer le sort de sa famille, au lieu d'embellir des monuments qui, aujourd'hui, honorent la France, et y augmentent le concours des étrangers?

Des droits respectables et de légitimes expectatives se sont fondés sur l'acte du 7 août, la loi de 1832, et tout ce qui est venu depuis les confirmer. On ne détruit point un pareil faisceau, dont la rupture produirait de tels mécomptes et entraînerait de tels débris.

Si jamais il y eut des droits acquis, cimentés et inébranlables, ce sont ceux dont il s'agit.

§ II.

*Le secon décret du 22 janvier n'a pu enlever à la famille d'Orléans
la propriété des biens dont il s'agit.*

La proposition qui vient d'être énoncée est la conséquence de
celle qui a été établie dans le paragraphe précédent.

Dès que la propriété existait d'une manière incommutable, il est
manifeste qu'un décret n'a pu la détruire.

Cependant, pour éclairer de plus en plus la question, examinons
en peu de mots quel est le caractère de ce décret.

Est-ce une mesure de confiscation? Non, assurément. Qui aurait
pu songer à une confiscation? Est-ce que cet odieux système n'a pas
à jamais disparu de nos Codes? Si l'on eût proposé au chef de l'Etat
de prononcer une confiscation, nous devons croire qu'il aurait refusé
son consentement; et nous en trouvons l'assurance dans ces mots,
qui forment le début des considérants du décret : « Considérant que,
» *sans vouloir porter atteinte au droit de propriété dans la personne des*
» *Princes de la famille d'Orléans,* etc. »

Et cependant il y a une *atteinte portée au droit de propriété de la famille d'Orléans !* Et, comme on va le voir, cette atteinte est, sous quelques rapports, plus étendue que celle qui pourrait résulter d'une
confiscation.

On trouve, dans le second décret du 22 janvier, *moins* et *plus* qu'une
confiscation.

Moins, parce que la conscience du premier magistrat de la République repousse une telle mesure, et qu'il n'entend pas faire violence
au droit, comme il le déclare par le considérant que nous venons de
citer.

Plus, car la confiscation prend les choses dans l'état où elles sont;
ses effets ne datent que du jour où elle a été prononcée ; tandis que
le décret du 22 janvier à un caractère déclaratif, au moyen duquel
il étend son empire sur le passé, puisqu'il fait remonter au mois
d'août 1830 la transmission à l'Etat de la propriété des biens du domaine privé, ce qui ébranlerait tous les actes faits dans l'intervalle.

Le second décret du 22 janvier constitue-t-il une mesure d'ordre
purement politique ?

Pas davantage. Le premier décret a le caractère d'une mesure de
cette espèce. Ce décret est celui qui ordonne la vente dans le délai
d'un an des biens appartenant aux *membres de la famille d'Orléans, à
leurs époux et descendants.*

Comme jurisconsultes, nous n'avons pas à juger ici une telle mesure, qui n'est fondée que sur ce qu'on appelle la *raison d'Etat ;*
mais il n'y a rien de semblable dans le second décret. Là, il ne
s'agit pas de savoir si les Princes d'Orléans vendront ou non des
biens, si tout ce qu'ils possèdent disparaîtra ou ne disparaîtra pas
du sol français, mais si la propriété des biens compris dans la
donation du 7 août leur appartient ou appartient au domaine de

l'Etat. La politique n'est nullement engagée dans cette dernière question.

Le second décret du 22 janvier est-il un acte législatif?

Non encore.

Les lois posent des règles générales applicables aux cas qui peuvent se présenter dans l'avenir ; elles n'ont pas d'effet rétroactif ; elles ne statuent pas sur la valeur des titres de propriété antérieurs à leur promulgation ; elles ne descendent jamais dans la conscience des citoyens pour apprécier des allégations de fraude ou de simulation.

Or, le décret fait toutes ces choses. Ce n'est donc pas un acte législatif. Il ne se serait jamais trouvé un Corps législatif qui eût adopté la proposition d'un tel acte, fondé sur de semblables motifs.

Qu'est-ce donc, enfin, que cet acte ?

La réponse à cette question résulte de ce qui précède. C'est une décision sur un litige.

A la différence des lois, les décisions judiciaires sont purement déclaratives ; elles reconnaissent et consacrent un droit préexistant qui était contesté.

Ainsi, on demande à l'autorité judiciaire la nullité d'un titre on le demande par application d'une loi antérieure à ce titre. Le juge rapproche la loi du titre ; si le titre est conforme à la loi, il le maintient, et déclare par là qu'il a été valablement passé ; s'il y est contraire, il l'annulle, c'est-à-dire qu'il déclare que ce titre n'a jamais eu d'existence légale, que ce n'était qu'une vaine apparence et non une réalité.

« Ne confondons pas (disait M. Portalis) les jugements et les lois.
» *Il est de la nature des jugements de régler le passé*, parce qu'ils ne
» peuvent intervenir que sur des actions ouvertes et sur des faits
» auxquels ils appliquent les lois existantes. *Mais le passé ne saurait*
» *être du domaine des lois nouvelles*, qui ne le régissaient pas » (Discours sur le premier titre du Code civil.)

Eh bien! le second décret du 22 janvier procède exactement comme nous venons de l'expliquer.

Il discute les titres de la maison d'Orléans, notamment la donation du 7 août ; il discute aussi quelques-unes des ratifications que ces titres ont reçues ; il déclare que tout est contraire à l'ancienne législation sur le domaine des rois de France, et, d'ailleurs, entaché de fraude ; il en conclut que les biens patrimoniaux de la maison d'Orléans ont été dévolus au domaine de l'Etat dès le mois d'août 1830 ; et c'est sur cet ensemble de motifs qu'il prononce la *restitution au domaine de l'Etat* des biens dont il s'agit, tranchant ainsi, d'une manière déclarative, une question de propriété, puisqu'il décide que depuis vingt-deux ans la propriété appartient non à la maison d'Orléans, mais au domaine de l'Etat.

Le décret fait exactement ce qu'aurait fait un tribunal qui, saisi d'une action en revendication formée par le domaine de l'Etat contre les Princes de la maison d'Orléans, aurait accueilli cette action et aurait ordonné la mise en possession de l'Etat.

C'est donc une décision en matière contentieuse.

Les décisions en matière contentieuse sont de deux sortes :

Les unes sont rendues sur les matières ordinaires, elles sont du ressort des tribunaux proprement dits.

Les autres sont rendues sur des contestations d'une nature exceptionnelle qui constituent ce que l'on appelle le contentieux administratif ; elle sont du ressort des tribunaux administratifs, c'est-à-dire des conseils de préfecture et du conseil d'Etat.

A quelle catégorie appartient la matière sur laquelle le second décret du 22 janvier a prononcé ? Evidemment à la catégorie des matières ordinaires, qui sont du ressort des juridictions du droit commun.

En effet, c'est un principe invariable en France, que les questions de propriété et de domanialité sont exclusivement de la compétence des tribunaux proprement dits. Ce principe a été hautement proclamé par le gouvernement impérial. Nous nous bornerons à transcrire ici les motifs du décret du 8 juillet 1807.

« .... Considérant que les questions *de propriété entre le gou-* » *vernement* et *de simples particuliers appartiennent par le droit com-* » *mun à la juridiction des tribunaux, et que l'exception* prononcée » par l'article 4 de la loi du 28 pluviôse an VIII ne s'applique » qu'aux contestations relatives aux ventes nationales.........»

Deux autres décrets, en date des 21 novembre 1808 et 18 janvier 1813, ont statué dans le même sens.

Ainsi, les maximes sur l'attribution exclusive aux tribunaux des questions de propriété et de domanialité (sauf l'*exception* posée par la loi de l'an VIII) remontent à l'Empire. Elles reçurent une remarquable sanction dans les dispositions de la loi du 8 mars 1810, sur l'expropriation pour cause d'utilité publique, à la discussion de laquelle l'Empereur prit une si grande part, et qui est un des plus beaux monuments de son règne (1).

Sous les régimes subséquents, la jurisprudence de l'époque impériale a été confirmée par un nombre infini de décisions émanées, soit des tribunaux, soit du Gouvernement lui-même, qui a invariablement reconnu son incompétence en pareille matière.

Si, dans une même contestation, il y a complication de questions administratives et de questions de *propriété* appartenant à la juridiction ordinaire, les corps administratifs ne peuvent décider que les premières, et doivent renvoyer les autres aux tribunaux. C'est ce qu'a décidé un décret du 30 juin 1813, dans les termes suivants :

« Considérant que, si les conseils de préfecture sont chargés de » prononcer sur le contentieux des domaines nationaux, c'est un » *principe également consacré par une jurisprudence constante, que* » *toutes les fois que la question de propriété doit être résolue par l'examen* "

---

(1) Voir les articles 14, 15, 16, 17 et 19 de cette loi.

» *et l'interprétation d'actes antérieurs à l'adjudication, et par les maxi-*
» *mes du droit commun, il n'appartient qu'aux tribunaux ordinaires*
» *d'en connaître.* »

L'Empereur considéra cette décision comme devant servir de règle pour l'avenir, car il la fit insérer au *Bulletin des Lois* (n° 9413).

Il serait superflu de multiplier les citations à l'appui d'une vérité aussi constante, et sur laquelle les jurisconsultes ne sont pas moins unanimes que les magistrats. Nous croyons suffisant de reproduire à ce sujet les paroles de M. le président Favard de Langlade :

« Toute question de *propriété* est du ressort des tribunaux, et doit » leur être renvoyée. »

Dans l'espèce actuelle, il s'agissait d'une question de propriété dont la solution dépendait de l'examen des titres et de l'application des lois.

Cette question était donc judiciaire ; en la décidant, le décret du 22 janvier a fait une œuvre qui était du domaine des tribunaux.

Pour que ce décret eût statué valablement, il aurait donc fallu que M. le Président de la République eût été investi du pouvoir judiciaire.

Nous n'avons pas besoin de prouver qu'il ne l'était pas, qu'il ne pouvait pas l'être, qu'il n'aurait pas voulu l'être ; car il connaît ces mémorables paroles de Montesquieu :

« Il n'y a point de liberté si la puissance de juger n'est pas sé-
» parée de la puissance législative et de l'exécutrice. Si elle était
» jointe à la puissance législative, le pouvoir sur la vie et la liberté
» des citoyens serait arbitraire, car le juge serait législateur. Si
» elle était jointe à une puissance exécutrice, le juge pourrait avoir
» la force d'un oppresseur. *Tout serait perdu*, si le même homme ou
» le même corps des principaux, ou des notables, ou du peuple,
» exerçaient ces trois pouvoirs : celui de faire des lois, celui d'exé-
» cuter les résolutions publiques, et celui de juger les crimes
» ou les différends des particuliers. » (*Esprit des Lois*, livre 2, chap. 6.)

Le décret du 22 janvier est postérieur de huit jours à la Constitution. Or, les pouvoirs de M. le Président de la République sont définis et limités par cette loi fondamentale. Ces pouvoirs sont de deux sortes : les uns permanents, les autres temporaires.

Les pouvoirs permanents sont énoncés dans l'article 6, ainsi conçu :

« Le Président de la République est le chef de l'Etat ; il commande
» les forces de terre et de mer, déclare la guerre, fait les traités de
» paix, d'alliance et de commerce, nomme à tous les emplois, fait
» les règlements et décrets nécessaires à l'exécution des lois. »

Voilà les diverses attributions de la puissance exécutive.

Les pouvoirs exécutifs sont déterminés par l'article 58, qui porte :

« La présente Constitution sera en vigueur à dater du jour où les
» grands corps de l'Etat seront constitués.

» Les décrets du Président, rendus par le Président de la Répu-
» blique, à partir du 2 décembre jusqu'à cette époque, *auront force*
» *de lois.* »

Par là, M. le Président est momentanément investi de la puissance
législative.

Le 22 janvier, il réunissait donc la puissance législative et la puissance exécutive.

Mais avait-il la puissance judiciaire ?

Non. C'est ce qui résulte de la nature même des choses, de cette
maxime fondamentale que les trois puissances ne peuvent jamais être
réunies dans la même personne, des deux textes que nous venons de
citer, et, en outre, de cet autre texte de la Constitution (article 8) :

« La justice se rendra en *son nom* » (au nom de M. le Président).

Si elle se rend *en son nom*, il ne peut donc pas la rendre lui-même ;
il ne le pourrait pas entre deux particuliers ; il le peut moins encore
dans une question de propriété et de domanialité entre l'Etat et
un particulier, puisqu'alors il serait juge et partie en sa qualité *de
chef de l'État.*

M. le Président ne peut donc pas décider des questions de cette
nature, puisqu'il n'a pas le pouvoir de juger ; et nous sommes autorisés à croire, d'après la Constitution, qui est son œuvre, que si ses
conseillers lui avaient expliqué qu'il s'agissait d'une question de
propriété, il se serait abstenu. Comment, en effet, aurait-il pu vouloir
trancher une telle question en présence de l'article 26 de la Constitution, qui garantit *l'inviolabilité de la propriété ?* Cette inviolabilité
n'est-elle pas d'ailleurs un de ces principes qu'on a appelés avec
raison antérieurs et supérieurs à toutes les Constitutions ?

La puissance de ce principe est telle, que, si les biens du Domaine
privé étaient mis en vente, personne ne pourrait les acheter avec
sûreté, les anciennes règles sur les garanties de la vente des Domaines
nationaux n'étant applicables qu'aux biens confisqués dans le cours
de la première Révolution.

Les jurisconsultes qui ont rédigé le second décret du 22 janvier
ont cru atténuer la portée de cet acte en déclarant qu'il restait *encore
à la famille d'Orléans* plus de 100 millions, comme si (en mettant
même à part l'erreur énorme de cette évaluation) l'application des
lois et le respect des principes pouvaient jamais dépendre des chiffres,
et comme si l'injustice qui frappe le domaine du riche ne menaçait
pas aussi le champ du pauvre !

§ III

Le second décret du 22-janvier ne forme pas obstacle à ce que la question de propriété entre l'État et la famille d'Orléans, et toutes les contestations accessoires qui peuvent s'y rattacher, soient portées devant les tribunaux.

Il est de l'essence du pouvoir judiciaire d'être indépendant. C'est pour assurer cette indépendance que l'inamovibilité du juge a été établie et qu'elle est maintenue par la Constitution (art. 26).

Mais le pouvoir judiciaire, bien qu'exercé par des juges inamovibles, ne serait pas indépendant si le pouvoir exécutif pouvait à volonté ôter aux magistrats la connaissance des matières qui leur appartiennent en vertu de l'essence même des choses et par la force de la loi.

Quand l'inamovibilité n'existe pas et qu'on destitue un juge, on enlève le juge aux justiciables ; quand le pouvoir exécutif s'attribue à lui-même la connaissance d'une question judiciaire, ce sont les justiciables qu'on enlève aux juges. Le résultat est identique ; l'indépendance du pouvoir judiciaire est méconnue dans l'un comme dans l'autre cas.

Il suit de là qu'une ordonnance ou un décret qui a prononcé sur une question de propriété, ne peut détruire la compétence des tribunaux. Les magistrats conservent la connaissance du litige, comme si l'ordonnance ou le décret n'existait pas. Cet acte, à leur égard, est non avenu. Ils ne l'annulent pas, parce qu'ils n'ont pas à cet égard le pouvoir réformateur ; mais ils jugent nonobstant cet acte ; c'est ce qu'on exprime en disant qu'un tel acte ne *fait pas osbtacle* à ce que les tribunaux exercent librement leur juridiction.

Ce cas est tout-à-fait différent de celui où un acte émané de l'administration, dans les matières qui sont de son ressort, est produit devant les tribunaux. Si cet acte fait naître une question préjudicielle, et qu'il soit attaqué ou sujet à interprétation, la justice ordinaire ne peut passer outre ; elle doit surseoir jusqu'à ce que le pouvoir administratif ait statué sur la validité ou l'interprétation de cet acte. Pourquoi ? Parce que la matière est de la compétence de l'administration, et que les juges violeraient la règle de la séparation des deux pouvoirs s'ils annulaient cet acte, s'ils l'interprétaient, ou s'ils le considéraient comme non avenu.

Mais lorsqu'il s'agit d'une question de propriété, comme elle est évidemment et exclusivement du domaine des tribunaux, les actes émanés du pouvoir exécutif *sur le fond même* de cette question de propriété, n'empêchent jamais les tribunaux de la juger.

La jurisprudence offre de nombreux exemples à l'appui de cette doctrine.

Les lois du 28 ventôse et 19 germinal an XI, et celle du 14 ventôse an XII, avaient ordonné aux communes qui prétendaient à des droits d'usage dans les forêts de l'Etat, de produire leurs titres devant l'administration. Or, il est arrivé fréquemment que l'administration, par erreur, s'est crue en droit de prononcer sur la validité de ces titres. Le conseil d'Etat a constamment reconnu que ces décisions, quels qu'en fussent les termes, n'avaient que la valeur de simples avis, et ne *formaient pas obstacle* à ce que la question de l'existence ou de l'étendue du droit d'usage, qui a le caractère de propriété, fût portée devant les tribunaux ordinaires. (Voir, entre autres, la décision du conseil d'Etat du 22 janvier 1824.)

Il en est de même des ordonnances et décrets qui autorisent la création d'usines sur des cours d'eau. Ils *ne font point obstacle* à ce que les tribunaux soient saisis des questions de propriété qui peuvent s'y rattacher, et le juge civil a le pouvoir de réprimer pour le passé, et d'interdire, pour l'avenir, tous travaux, même autorisés par l'administration, et qui porteraient atteinte aux droits qu'il a mission de faire respecter . (Décision du conseil d'Etat, 29 août 1834, affaire Jobard ; 24 octobre 1834, Billion du Roullet ; 15 juillet 1835, Martin ; 15 août 1839, Fauquet-Delarue ; 5 décembre 1839, D. Sade ; 27 juillet 1743, Gœpp.)

On trouve encore l'application de cette doctrine en matière de chemins vicinaux, d'expropriation pour cause d'utilité publique, de concession de lais et relais de la mer.

Relativement à cette dernière sorte d'affaires, la Cour de cassation a rendu, le 2 mai 1848, un arrêt remarquable. La Cour de Rennes avait sursis à statuer sur une contestation portée devant elle, jusqu'à ce que l'autorité administrative eût fixé la valeur et l'étendue d'une concession de lais et relais de la mer. L'arrêt de Rennes a été cassé, « attendu, en droit, que lorsque le Gouvernement, autorisé par une » loi, concède une partie du domaine public ou du domaine de l'E-» tat, il ne figure pas dans l'acte comme pouvoir administratif pro-» curant l'exécution des lois par des règlements ou décisions, mais » qu'il stipule comme représentant l'Etat propriétaire, et aliénant, » par une convention du droit civil, une partie de son domaine ; » que cet acte n'est pas un acte d'autorité, mais un contrat formé » par le concours de deux volontés ; *que les questions de propriété aux-* » *quelles donnent lieu les rapports de cet acte avec les droits des tiers sont* » *de la compétence des tribunaux.* »

Ainsi l'Etat, quand il traite des droits du domaine, contracte comme partie privée.

De même, et par une raison identique, lorsqu'il veut faire rentrer entre les mains du domaine des objets mobiliers ou immobiliers qu'il prétend lui appartenir, et être indûment détenus par des tiers, il agit à titre privé ; il n'a pas le droit de se faire justice à lui-même, et il ne peut rentrer en possession que par l'autorité des tribunaux.

C'est par cette raison que l'Etat, aux termes de l'article 69 du Code de procédure, est représenté *devant les tribunaux par le préfet, lors-qu'il s'agit de domaines et droits domaniaux.*

Un acte quelconque par lequel l'Etat déclare la *domanialité* d'un bien ne peut donc avoir pour effet de dépouiller les tribunaux de la connaissance de l'affaire. Un tel acte n'implique qu'une prétention : il ne saurait avoir force de décision, parce que l'Etat, qui n'est que partie privée dans les questions de propriété et de domanialité, n'a pas plus caractère pour prononcer qu'un particulier ne l'aurait dans sa propre cause.

Voilà pourquoi toutes les questions de domanialité résultant de l'application de la loi du 14 ventôse an VII sur les domaines engagés, ont constamment été soumises aux tribunaux, et l'administration n'a été appelée à statuer en cette matière que sur les évaluations ayant pour objet de déterminer le montant du quart à payer par les détenteurs pour devenir propriétaires incommutables.

Ainsi, quels que soient les termes d'un décret relatif à une question de propriété existante entre l'Etat et un particulier, ce décret ne lie pas les tribunaux ; il n'a d'autre force que celle d'un ordre donné aux agents de l'administration de faire valoir et de soutenir les droits de l'Etat devant l'autorité compétente. Et comment en aurait-il davantage, lorsqu'il s'applique à une question de propriété et de domanialité entre l'Etat et des personnes qui n'ont été ni appelées ni averties d'aucune manière ?

Jadis les ordonnances ou arrêtés du conseil ainsi rendus se terminaient ordinairement par cette clause... *sauf notre droit en autre chose et* L'AUTRUI EN TOUT, et lors même que cette réserve n'était pas écrite, elle était toujours sous-entendue. Cette maxime se trouve solennellement rappelée dans un arrêt de la Cour de cassation du 19 juillet 1827, rendu sur les conclusions de l'un des conseils soussignés, et qui fut prononcé et rédigé par le savant et vénérable Président Henrion de Pensey. On y lit le considérant ci-après : « Attendu » que ce fut une maxime incontestable de notre droit public, que » *les rois de France furent toujours dans* L'HEUREUSE IMPUISSANCE *de por-* » *ter aucune atteinte aux propriétés de leurs sujets.* — Ainsi dans les ar- » rêts du Conseil portant quelques concessions au profit de particu- » liers, on lisait cette formule par laquelle ils terminaient : *sauf no-* » *tre droit en autre chose et l'autrui en tout,* clause toujours supposée, » lors même qu'elle n'était pas écrite, de manière que ces arrêts » n'avaient aucune efficacité s'ils n'étaient revêtus de lettres patentes » qui devaient être enregistrées dans les Cours souveraines, lors du- » quel enregistrement *les parties intéressées et qui pouvaient se préten-* » *dre lésées dans ces actes par l'autorité publique, avaient la faculté de* » *former opposition, et le Parlement, saisi par cette opposition, statuait* » CONTRADICTOIREMENT *sur les moyens respectifs,* » etc.

Heureuse impuissance, en effet, que celle de *porter atteinte à la propriété privée!* heureuse pour les particuliers, non moins heureuse pour le pouvoir, et qui a survécu aux révolutions, puisque, si elles ont bouleversé nos institutions politiques, grâce à Dieu, du moins, elles ont jusqu'ici respecté nos lois civiles !

Des actes qui émanent de la puissance exécutive, radicalement incompétente en cette matière, et qui, de plus, ne sont pas contradictoires, laissent donc entière la faculté de débattre devant la justice ordinaire la question de propriété et de domanialité.

De même que les décisions en matière d'usage forestier n'ont été considérées que comme des *avis,* de même un décret relatif à une question de propriété ne vaut, en présence des magistrats, que comme une instruction donnée aux agents du Domaine. Le juge reste souverain, indépendant et impartial entre l'Etat prétendant à la propriété, et le citoyen résistant à cette prétention ; car l'un et l'autre ne sont que des parties égales en droit devant la majesté de la justice.

Les rédacteurs du décret semblent avoir subi involontairement l'empire de cette vérité, lorsque, dans l'avant-dernier considérant, ils se sont servis de ces expressions : *les biens ainsi* REVENDIQUÉS... Oui, il ne pouvait y avoir qu'une *revendication :* et c'est aux tribunaux seuls qu'il appartient d'y faire droit.

Un conflit ne pourrait, en pareil cas, être élevé avec succès.

Le conflit, dans une matière essentiellement contentieuse, est la revendication d'un litige qui est du ressort de l'administration et qui se trouve porté devant les tribunaux. Si le conflit est confirmé, il faut que la contestation puisse être portée devant la juridiction administrative : car il est indispensable que tout procès trouve un juge. Or, ici, l'administration ne saurait jamais être appelée à juger, puisqu'il s'agit d'une question de propriété. L'article 130 du Code pénal lui imposerait le devoir étroit de se déclarer incompétente. Cet article défend aux administrateurs *d'entreprendre sur les fonctions judiciaires, en s'ingérant de connaître des* DROITS ET INTÉRÊTS PRIVÉS du ressort des tribunaux. L'administration serait donc tenue de se dessaisir ; elle ne pourrait faire autre chose que de reconnaître son imcompétence et de renvoyer aux tribunaux.

Ainsi le conflit serait inadmissible, et nous nous plaisons à croire qu'il ne sera pas élevé. Le premier considérant du décret déclare que *le Président ne justifierait pas la confiance du peuple français, s'il permettait que des biens qui doivent appartenir à la Nation fussent soustraits au domaine de l'Etat.* Comme maxime générale, ces paroles sont irréprochables ; mais il y a un autre devoir non moins sacré à remplir : c'est de respecter l'ordre des juridictions. Le chef de l'Etat remplit ces deux devoirs, lorsqu'après avoir formé une *revendication* il s'abstient de tout acte qui pourrait en enlever la connaissance aux tribunaux.

Le décret du 22 janvier rappelle l'autorité des Parlements en cette matière. Personne ne rend un hommage plus sincère que nous à la science, à la sagesse, à l'impartiale fermeté des magistrats qui siégeaient dans ces grands corps ; mais si les juges actuels n'ont pas hérité de leur pouvoir politique, ils sont leurs dignes successeurs sous le rapport de l'exacte application des lois et des principes de la justice ; et, comme le pouvoir politique est étranger à la solution des questions de propriété et de domanialité, nos Tribunaux ont, sur ce point, autant d'autorité que les Parlements ; ils sont, à cet égard, comme eux, les ministres de la loi et les gardiens des droits privés ; ils offrent aux parties et à l'opinion publique la garantie de ces décisions éclairées et indépendantes, en présence desquelles tout intérêt se résigne et toute émotion se calme.

Délibéré à Paris, le 14 février 1852.

(Signé) DE VATIMESNIL,
BERRYER,
ODILON-BARROT,
DUFAURE,
A. PAILLET.

Pendant que les jurisconsultes délibéraient et préparaient le lumineux travail qu'on vient de lire, M. Bocher s'était mis en mesure d'éclairer d'un jour aussi éclatant que possible la cause qui allait être portée devant les tribunaux. Le pouvoir, de son côté, n'était pas resté inactif. Les décrets du 22 janvier et les journaux officieux qui avaient entrepris de les justifier étaient, par l'intermédiaire de ses agents, répandus à profusion sur tous les points du pays. La France avait été plus qu'émue; il fallait chercher à calmer ses susceptibilités et à imposer silence à ses scrupules. De là cette propagande officielle qui eut pour but de démontrer qu'armé de la dictature le Prince-Président n'avait pas excédé son droit en faisant une loi qui ordonnait la restitution à l'Etat de biens qui, selon lui, étaient sa propriété.

Lorsque la question se posait ainsi, la défense n'était-elle pas bien légitime?

M. Bocher avait pensé qu'il lui serait permis de soutenir la lutte à armes égales. On attaquait par la publicité la famille dont il était le mandataire, c'est par la publicité qu'il chercha à la défendre. Il voulut faire imprimer la lettre de M. Dupin, la protestation des exécuteurs testamentaires de Louis-Philippe, l'adhésion des princes à cette protestation, son *Mémoire à consulter* et la *Consultation* de MM. Berryer, de Vatimesnil, Dufaure Odilon-Barrot et Paillet. Il chercha des imprimeurs à Paris, mais les portes de toutes les imprimeries lui furent fermées.

Ce qu'il n'avait pu trouver en France, c'est-à-dire les moyens de porter de franches et loyales explications à la connaissance du public, il alla le demander à un pays voisin, et il réussit à faire passer la frontière à un certain nombre de publications ainsi forcément imprimées à l'étranger. Lorsqu'il s'agit ensuite de les répandre, il se servit pour cela de l'intermédiaire de la poste, qui se fit un instant la messagère inconsciente d'une famille qui cherchait plus encore à défendre l'honneur de son chef, qu'un patrimoine qu'elle regardait comme sa légitime propriété.

Pour la distribution dans Paris, M. Bocher s'adressa, sans recourir à aucune dissimulation, à aucun mystère, à une maison spécialement fondée pour ce genre de service, qui n'avait jamais été entravée depuis qu'elle existait, et qui ne le fut que dans cette circonstance. L'attention de la police avait été éveillée; elle n'intervint pas assez tôt pour empêcher la distribution des exemplaires que M. Bocher avait remis à la maison Bidault; mais, comme si cette distribution eût renfermé en elle-même tous les éléments constitutifs d'une action criminelle, et, comme si l'on eût découvert une grande conspiration organisée contre la paix publique, M. Bocher et deux employés de la maison qui s'était mise à sa disposition furent arrêtés et détenus préventivement jusqu'au jour où ils comparurent devant la police correctionnelle.

L'arrestation avait eu lieu le 19 février; c'est le 3 mars seulement que les prévenus comparurent devant la 6me Chambre qui devait les juger.

Le Tribunal était ainsi composé : M. Lepeltier d'Aunay, président; — MM. Labour et Boselli, juges ; — M. Hello, substitut de M. le Procureur de la République.

Les prévenus, interrogés par M. le président, donnèrent leurs noms et firent connaître leurs professions dans l'ordre suivant :

Pierre-Henri-Edouard Bocher, administrateur des biens de la famille d'Orléans.

Joseph-Hippolyte Dubief, administrateur de l'entreprise Bidault et Ce.

Horace-Joseph-Joachim Malzy, chef de distribution dans la même entreprise.

M. Odilon-Barrot était assis au banc de la défense.

Les explications données par M. Bocher feront d'ailleurs mieux connaître que tout ce que nous pourrions dire sur quoi reposait la prévention qui l'amenait devant la justice.

Assisté, comme je le suis, dit M. Bocher, d'un pareil défenseur, et, je le dis avec orgueil, d'un pareil ami, je n'ai rien de mieux à faire, pour le Tribunal comme pour moi-même, que de le laisser parler seul.

C'est lui qui vous demandera, la loi à la main, si je suis réellement coupable, et si j'ai bien mérité, après quinze jours de détention préventive, de nouvelles sévérités de la justice.

Je me bornerai donc à rappeler, en très-peu de mots, par quelles circonstances, par quels devoirs, par quelles nécessités, j'ai été amené, malgré moi, sur ce banc.

C'est dans le mois de juillet dernier que j'ai été appelé à continuer la liquidation et à administrer les biens de la succession bénéficiaire du feu roi Louis-Philippe ; je ne suis donc au service de la famille royale que depuis qu'elle est elle-même dans l'exil et dans le malheur.

Chargé d'une mission aussi importante, aussi difficile, qui n'intéresse pas seulement l'auguste famille qui me l'a confiée, qui intéresse aussi tant de créanciers, et qui, même accomplie sous la protection de la loi commune, au lieu d'être troublée violemment comme elle est aujourd'hui, exigeait tant de soins, tant de sollicitude, je m'y suis consacré presque exclusivement.

On s'est cru en droit, à propos de l'affaire particulière qui m'amène devant la justice, et de mon titre actuel, de rappeler d'autres fonctions que j'ai occupées aussi, celles de Représentant du peuple. Je pourrais peut-être rappeler à mon tour, sans dommage pour moi-même, la manière dont j'en ai rempli les devoirs, jusqu'au dernier moment. Mais sur ce point, Messieurs, vous n'êtes pas mes juges ; je ne dois compte de mon mandat politique qu'à ceux qui me l'ont confié, et il ne faut point mêler ici deux situations, deux responsabilités, tout-à-fait distinctes et indépendantes.

Une seule est en cause devant vous.

Depuis le mois de juillet jusqu'au 23 janvier, pas un acte, pas un écrit, pas une parole, ni de mes mandants, ni de mes collaborateurs, ni de moi-même enfin, n'ont pu donner lieu, de la part du gouvernement, à un reproche, à un soupçon. La politique a été toujours et absolument étrangère aux actes de l'administrateur.

Je vous étonnerais, Messieurs, je vous toucherais peut-être, si je pouvais entrer ici dans quelques détails, et vous montrer jusqu'à quel point nous avons poussé, à cet égard, la prudence, la réserve, l'abnégation ; et comment, pour ne pas donner même un prétexte aux susceptibilités, aux ombrages du pouvoir nouveau, nous nous sommes abstenus de faire valoir les intérêts les plus légitimes, les plus justes réclamations.

Toute cette prudence, toute cette réserve, ont été inutiles ; les décrets du 22 janvier ont paru. Ce n'est pas ici le lieu ni le moment de les juger. Daignez seulement vous souvenir, Messieurs les juges, de ce que décrètent leurs dispositions, et de ce que disent leurs considérants. Ils dépouillent les princes de la famille d'Orléans des biens de leurs ancêtres, des dots de leurs femmes, du patrimoine de leurs enfants. Mais ceci ne serait rien. Ils essaient de porter atteinte à la mémoire de celui qui fut pendant dix-huit années le Roi libéral et clément de notre pays ! (*Sensation.*)

En présence de ces décrets, quel était le droit et quel fut le devoir du mandataire des princes ?

Son droit, c'était d'abord, en supposant que le chef de l'Etat avait été mal informé, de faire appel à sa justice mieux éclairée.

Comment ce droit a-t-il été exercé ?

Le jour même où ont paru les décrets, M. Dupin adressa au Président de la République une lettre que vous avez tous lue. Dans quels termes était-elle conçue ? Sur quelles considérations sacrées s'appuyait-elle ? C'était le cri s'échappant de la conscience du magistrat, et, comme il l'a dit si bien lui-même, son dernier réquisitoire dans l'intérêt de la loi,—le plus éloquent peut-être..

Peu de jours après, le 26, les exécuteurs testamentaires du feu roi présentent une réclamation que vous connaissez tous également. Que peut-on lui répondre, et que peut-on lui reprocher ? Elle fait un respectueux appel à la justice et à la loyauté du Prince-Président de la République. Et de quels noms est-elle signée ? Des noms les plus respectés, les plus dignes de l'être : MM. Dupin, Laplagne-Barris, Scribe, comte de Montalivet, duc de Montmorency !

Au premier de ces documents, pas de réponse. Au second, un simple accusé de réception de M. le ministre d'Etat.

Cependant, dès le 27 janvier, un journal presque officiel, la *Patrie*, ajoutait aux considérants du *Moniteur* du 23 les faits les plus erronés, les commentaires les plus propres à égarer, à pervertir l'opinion publique.

Enfin, le 2 février, j'avais connaissance des instructions les plus rigoureuses données par M. le ministre des finances aux agents du Domaine pour la mise à exécution des décrets.

Ainsi, d'une part, silence absolu du gouvernement sur les représentations respectueuses qui lui ont été soumises, et commencement d'exécution ; d'autre part, publicité donnée par le *Moniteur* et continuée par la *Patrie*, non-seulement aux dispositions des décrets du 22, mais aux motifs sur lesquels ils s'appuient et aux erreurs à l'aide desquelles on cherche à égarer l'opinion.

Que fais-je alors ? à quels moyens de défense ai-je recours ? Ceux que je représente sont attaqués dans leurs biens, dans leurs intérêts, dans le plus cher de tous, l'honneur du nom de leur père. Comment dois-je essayer de les défendre ?

Pour éclairer l'opinion publique qu'on égare, pour opposer un peu de vérité à tant d'erreurs, je demande à l'autorité compétente l'autorisation de publier la Note des exécuteurs testamentaires et la lettre de M. Dupin. Puis, comme dans l'intervalle nous avions fait appel aux lumières des jurisconsultes les plus éminents de Paris, qu'un Mémoire à consulter leur avait été soumis, qu'une Consultation avait été rédigée par eux, Consultation purement judiciaire, qui ne traite que la question du droit de propriété, et qui est signée par des hommes dont le nom seul est à la fois une protection et une garantie, MM. O. Barrot, Dufaure, Paillet, Berryer, de Vatimesnil, je demande aussi l'autorisation de la faire imprimer.

Eh bien! le 3 février, la censure refuse l'impression de la lettre de M. Dupin ;

Le 4 février, la censure refuse l'impression de la Note des exécuteurs testamentaires ;

Enfin, à deux reprises différentes, les 9 et 14 du même mois, même refus pour la publication du Mémoire à consulter et de la Consultation judiciaire.

J'ignore si, dans aucun temps, sous aucun régime, il y a un exemple de pareilles interdictions !

Aussi, après avoir essayé, toujours inutilement, d'user du droit le plus naturel, le plus légitime, après avoir tenté, épuisé en vain tous les moyens possibles d'arriver à la publicité légale et permise, j'ai cru et je crois encore qu'il me restait un devoir à remplir.

Voici comment je l'ai rempli.

Les deux documents dont j'ai parlé tout à l'heure avaient déjà paru dans les journaux étrangers qui circulent en France, et, par conséquent, y avaient reçu une certaine publicité, autorisée de fait. Mais cette publicité qui nous défendait, combien était-elle restreinte et incomplète, comparée à celle qui nous attaquait, qui nous attaque librement tous les jours ! J'ai voulu rendre la défense moins inégale et la vérité mieux connue. Ces deux documens, la *Note* et la *Lettre*, ont donc été imprimés à l'étranger. Un troisième document y a été joint. Celui-là il ne m'appartient pas de le juger. Mais, puisqu'on a parlé sans doute à ce sujet d'écrits séditieux, je me bornerai à vous rappeler, Messieurs les juges, par qui cette lettre a été écrite,—par de nobles fils justement indignés !... et où elle a été écrite...—à quelques pas de la chapelle de Weybridge, où reposent les restes outragés de leur père ! (*Mouvement dans l'auditoire.*)

Ces différentes pièces, avec l'éloquent rapport de M. Berryer, membre de la Constituante, sur la proposition de M. Jules Favre, que reproduisent les décrets du 22 janvier, ont été adressées dans les départements par la voie de la poste.

Oui, elles ont été adressées aux principaux membres de ce clergé de France, auquel on n'a pas craint d'offrir une part dans la spoliation ;

Aux chefs de cette armée, dont on a promis d'enrichir les meilleurs soldats avec les dépouilles de ceux qui furent autrefois leurs compagnons d'armes ;

A la magistrature, enfin, au barreau, le seul refuge qui nous reste, et sur lequel nous comptons. (*Sensation.*)

Cette distribution, d'ailleurs, Messieurs, de quelques centaines à peine d'exemplaires dans les départements, n'est point mon fait personnel, et je n'ai à répondre devant vous que du délit particulier pour lequel je suis poursuivi. A Paris, où s'exerce principalement l'action de la presse officielle ; à Paris, où nous avons de grands intérêts, le Raincy, Monceaux, Neuilly... Neuilly ! où l'on veut nous confisquer jusqu'aux ruines que la Révolution de Février nous y a faites ! la publicité nous était plus nécessaire que partout ailleurs. Quinze cents exemplaires des documents que vous connaissez, et de ceux-là seulement, y ont été distribués, vous savez par quels moyens ; permettez-moi de le rappeler.

On s'est étonné que je me sois chargé moi-même de cette mission, et que, pouvant en confier le soin à un subalterne, j'y aie engagé mon caractère et mon mandat. Messieurs, moins que jamais aujourd'hui, je peux me repentir de ce que j'ai fait. Puisqu'il y avait un danger à courir, une peine peut-être à subir, je me réjouis de n'y avoir exposé, ni un ami, ni un serviteur. Et si c'est le plus dévoué qui devait figurer sur ce banc, je suis fier d'y être ! (*Marques de sympathie dans l'auditoire.*)

Et quel crime, cependant, quel délit ai-je donc commis ? Ai-je agi dans l'ombre ? Ai-je eu recours à des moyens blâmables, à l'argent, à la corruptiou ?

Non. Il s'agissait de répandre les écrits nécessaires, indispensables à notre défense. Je me suis adressé ouvertement, en plein jour, à un industriel autorisé, patenté, qui en fait son métier. Résolu d'abord à n'employer pour cette distribution que la voie ordinaire de la correspondance, la poste, je ne la lui ai confiée que sur son affirmation réitérée qu'il pouvait s'en charger sans manquer aux conditions réglementaires de son industrie, sans se compromettre ; je n'ai point fait avec lui de marché secret, je n'ai point stipulé un prix particulier ; j'ai agi de bonne foi comme lui-même, et les quinze cents exemplaires ont été distribués dans Paris par ses soins.

J'ai été arrêté au moment où j'allais le payer. Ramené immédiatement chez moi, mon domicile, qui est en même temps le siége de mon administration, a été soumis à une perquisition rigoureuse.

Elle n'a produit aucun résultat.

Et je suis détenu depuis ce jour-là ! — C'était le 19 février.

Voilà, Messieurs les juges, sur les faits de la cause, toute la vérité ;... je n'en ai rien omis, je n'y ai rien ajouté. J'ignore si la loi m'est applicable, si j'ai commis, selon son texte, le délit qui m'est imputé ; mais ce que je sais bien, ce que vous savez vous-mêmes, c'est comment et pourquoi je l'ai commis ; si c'est volontairement ou malgré moi, comme un mauvais citoyen qui veut troubler le repos public, ou comme un mandataire fidèle qui obéit au plus impérieux des devoirs; et j'ose espérer que si, comme magistrats, vous me condamniez, comme hommes, vous m'auriez absous au fond de votre conscience... et cela suffit à la mienne. (*Mouvement prolongé.*)

Après le réquisitoire du ministère public, qui demanda contre les prévenus l'application de la loi du 27 juillet 1849 faite contre les marchands ambulants, contre les colporteurs d'imprimés sans autorisation, et de l'article 283 du Code pénal, qui punit le colporteur d'imprimés sans nom d'imprimeur, M. Odilon Barrot présenta la défense des prévenus. Dans une note officielle communiquée aux journaux, et pour motiver les rigueurs de la détention préventive infligée à ses clients, on avait parlé *d'un flagrant délit de* PROPAGANDE D'ÉCRITS SÉDITIEUX. Dès le début, comme nous venons de le constater, l'affaire prit des proportions beaucoup plus modestes. M. Odilon Barrot exposa ainsi qu'il suit comment M. Bocher, dans tout ce qu'il avait fait, avait été dominé par cette pensée qu'il n'accomplissait qu'un devoir :

M. Bocher, honoré de la confiance d'une famille malheureuse, proscrite, a cru remplir dignement son mandat... mandat gratuit. Mon Dieu! je vous le dis, non pas pour vous influencer en rien, non pas pour affaiblir la responsabilité du mandataire, je vous le dis plutôt pour faire sentir que la responsabilité était d'autant plus grande que le dévouement était plus volontaire! M. Bocher a cru devoir, au moment où le patrimoine de cette famille dans laquelle il y a des femmes, des enfants disséminés sur tous les points de l'Europe, au moment où ce patrimoine était frappé sans avertissement, sans instruction préalable, par un... décret, par un... jugement... comment appellerai-je cet acte?

M. LE SUBSTITUT. C'est une loi.

M. ODILON BARROT (*vivement*). Non, ce n'est pas une loi! car la loi ne s'applique qu'à des droits généraux et règle l'avenir; il n'y a pas de loi qui frappe une famille privativement, dans son patrimoine, dans son bien! Ce n'est pas non plus un jugement, quoiqu'il soit motivé comme le serait un jugement émané de votre justice; car il manque de toutes les conditions qui constituent une décision judiciaire : il dépouille une famille, il annule le plus respectable des actes du droit civil, le partage de pré-succession fait par un père en faveur de ses enfants; il scrute et incrimine l'intention qui a présidé à cet acte; il rétroagit sur vingt ans d'une possession paisible et de bonne foi, fondée sur les lois et la reconnaissance solennelle de tous les Gouvernements, de celui de M. le Président lui-même. Non! cet acte n'est ni une loi, ni un jugement, et il nous sera bientôt donné peut-être d'en apprécier et la portée et le véritable caractère.

Veuillez, Messieurs, vous pénétrer de toute l'étendue des devoirs qui incombaient à ce moment au mandataire qui seul représentait en France cette famille ainsi frappée. Ce n'étaient pas seulement les intérêts, les rapports de parents réglés dans des partages, les conditions d'alliance stipulées dans les contrats de mariage, les dispositions testamentaires de leurs augustes parents, toutes les conditions, enfin, de leur existence et de leur fortune, qui se trouvaient bouleversés, détruits.

Il y a bien plus : l'honneur paternel était attaqué. Cet homme pour qui l'histoire a déjà commencé, mais à qui, après tout, la France doit près de vingt ans d'un gouvernement libre et prospère, et il m'appartient peut-être plus qu'à personne de lui rendre cette justice ; cet homme que le malheur et la mort devaient au moins protéger, on le signale au monde entier comme spoliateur du domaine public, et comme ayant, par une fraude faite à la loi, soulevé la conscience publique.

Après avoir expliqué en quelques mots la nature des écrits que la prévention reprochait à M. Bocher d'avoir fait distribuer, M. Odilon Barrot eut à répondre à l'accusation d'avoir fait publier ces écrits à l'étranger.

J'ai dans les mains, et il sera bon que le document passe sous vos yeux, une première lettre du 3 février 1852, écrite par son imprimeur à mon client.

Il s'agissait de l'impression de la lettre de M. Dupin, vous la connaissez ; elle ne renfermait pas seulement une démission, mais une démission fortement motivée, un argument puissant en faveur du droit violé !

M. Bocher, voulant publier cette lettre, s'adresse à l'imprimeur. Celui-ci en demande la permission à la censure, et voici la lettre qu'il répond à mon client :

« Paris, 3 février 1852.

» Monsieur,

» M. Henri revient à l'instant du bureau de la censure.

» On n'autorise pas l'impression de la lettre de M. Dupin, ni de » la Note des exécuteurs testamentaires.

» J'ai l'honneur d'être, etc. »

Comme vous l'a dit M. Bocher, il crut devoir consulter des jurisconsultes, il les choisit dans toutes les nuances d'opinion, voulant que leur travail eût un caractère plus absolu d'impartialité. Leur consultation est délibérée avec maturité dans dix ou douze réunions successives. Ces avocats, tous vieillis sous le harnais ou qui ont fait leurs preuves, mettent la plus grande attention à écarter de ce travail purement juridique tout ce qui pourrait toucher aux passions politiques. Mon Dieu! vous devez bien penser que des hommes qui ont quelque expérience des affaires et de la justice n'auraient pas été faire une consultation politique quand on leur demandait un acte de discussion de pur droit.

Eh bien! c'est une règle acceptée par tous les législateurs et dans tous les pays, consacrée au reste par le texte formel de nos lois, qu'une défense judiciaire, une consultation sur litige, jouit du privilège d'être affranchie des entraves mises à une publicité ordinaire ; la censure a dans son domaine la politique, mais elle ne touche pas à la justice. On ne peut subordonner à la police la défense des droits litigieux, des procès, enfin.

M. Bocher envoie donc cette consultation à imprimer. L'imprimeur croit devoir demander une autorisation. On la lui refuse. Il insiste ; refus réitéré, et voici en quels termes. C'est une lettre de l'imprimeur adressée à M. Bocher.

« Paris, 9 février 1852.

» Monsieur,

» Nous avons déposé samedi, ainsi que nous vous l'avions pro-
» mis, le Mémoire à consulter au bureau de la censure. Je viens
» d'envoyer notre homme de peine à qui on avait remis un numéro
» d'ordre. *Nous n'avons pas été plus heureux* que pour la Note.
» On lui a répondu que, quant à présent, on n'avait rien à lui re-
» mettre.

» Je m'empresse de vous en donner avis. Nous attendrons quelques jours, et, à la fin de la semaine, je renverrai au bureau
si cela vous convient.

» J'ai l'honneur d'être, etc. »

Le 14 février, on renvoie au bureau, et voici la réponse :

« Paris, 14 février 1852.

» Monsieur,

» Lorsque votre homme est venu chercher la réponse, je ne
» l'avais pas encore, attendu que le bureau n'ouvre qu'à une
» heure. Notre homme de peine en revient à l'instant; *la réponse*
» *est toujours négative.* M. Henri est allé ensuite lui-même voir le
» chef de bureau, mais il lui a été répondu *qu'il était inutile d'in-*
» *sister.*

» Veuillez, je vous prie, Monsieur, nous faire savoir ce qu'il faut
» faire des compositions du Mémoire et de la Consultation, et
» agréez l'expression de mes sentiments distingués. »

Ainsi, vous le voyez, toute issue est fermée au droit de la
défense ; l'autorité ne répond même pas aux réclamations les plus
respectueuses ; la publicité est absolument interdite à la lettre de
M. Dupin, à la réclamation des exécuteurs testamentaires, à la
consultation des jurisconsultes elle-même. Silence, silence absolu !
Ah ! vous nous parlez du suffrage universel, de l'autorité fondée
sur l'assentiment général d'un pays : croyez-vous qu'il entre dans
le droit assis sur le suffrage universel d'établir d'un côté l'attaque
et d'interdire de l'autre la défense ?

M. Odilon Barrot avait d'autant plus raison de réclamer le
bénéfice de ce principe d'éternelle justice, qui ne permet pas
qu'on attaque quand on interdit la défense, qu'au moment
même où l'on enlevait à M. Bocher tout moyen de faire entendre
la vérité, le pouvoir déchaînait contre la famille d'Orléans tous
les organes de la publicité dont il disposait. Tandis qu'on désar-
mait aussi impitoyablement des adversaires exilés, tandis que
l'interdit s'étendait jusqu'à cette consultation de jurisconsultes à
qui on avait demandé leur avis sur une question de droit, on
donnait carrière à toutes les attaques dirigées contre une famille qu'on voulait dégrader après l'avoir dépouillée. M. Bocher
ne se trouvait-il pas justifié par tous ces faits du reproche
qu'on lui adressait d'avoir demandé à l'étranger l'impression
de ses moyens de défense pour la publication desquels il lui
avait été impossible de trouver des presses en France.

M. Odilon Barrot se livra à une discussion des plus brillantes
sur la question légale que soulevait le procès fait à M. Bocher et
à ses co-prévenus. L'avocat, appelant à son aide les souvenirs
de l'ancien ministre de la justice, rappela que lorsqu'il avait
présenté et défendu devant l'Assemblée législative la loi du 27
juillet 1849, il n'avait pas eu d'autre but que de mettre sous la
main de l'autorité *le commerce du colportage* qui se faisait dans
l'ombre et inondait nos campagnes d'écrits dangereux et anti-
sociaux. Il démontra ensuite jusqu'à la dernière évidence que
cette loi, pas plus que l'article 283 du Code pénal, ne pouvait

s'appliquer à son client. Lorsqu'il eut achevé sa démonstration, et, avant de se rasseoir, il fit entendre ces simples et saisissantes paroles :

Je vous supplie encore une fois de bien apprécier, dans vos consciences, les circonstances vraiment exceptionnelles dans lesquelles mon client s'est trouvé, et qui ne lui ont pas permis de faire autre chose que ce qu'il a fait pour obéir au plus impérieux et au plus saint des devoirs. Vous lui tiendrez compte surtout de l'obstacle absolu, insurmontable, que lui oppose le refus de la censure pour la publication d'une défense qui deviendra cependant de jour en jour plus nécessaire et plus urgente.

Je vous demande, mon Dieu! de le juger comme vous vous jugeriez vous-mêmes, et d'examiner si vous devez sévir comme juges contre celui que vous ne pouvez vous empêcher d'estimer comme homme.

Messieurs, les vicissitudes se renouvellent bien souvent dans notre pays ; elles entraînent, à des époques bien rapprochées, les institutions, les trônes, les dynasties, et, comme des ouragans dévastateurs, couvrent la France de ruines : que du moins il y ait une chose qui reste debout, qui soit préservée, et elle ne peut l'être que par vous, Messieurs. Tant que cette chose sera respectée, il ne faudra jamais désespérer de la société : c'est la religion du devoir ; c'est le courage de se dévouer pour ce qui est juste et honnête. Mais le jour où des sentiments que nous sommes obligés d'honorer dans le for intérieur de notre conscience seraient flétris du sceau de la loi, oh! alors, ce serait une nouvelle douleur pour les honnêtes gens, pour les bons citoyens, car il faudrait désespérer même de l'avenir.

Ce malheur, je ne le redoute pas, tant que votre juridiction sera libre et respectée.

Aussi, je salue avec bonheur ce débat comme un premier retour au droit commun. Je suis tenté de rendre grâces au pouvoir de ce procès, quelle que soit l'amertume que je ressente à voir assis sur ce banc un homme honoré de tous. que j'estimais déjà beaucoup avant qu'il fût soumis à l'épreuve qui l'amène devant vous, et que j'estime encore davantage aujourd'hui. J'éprouve une sorte de joie à me retrouver enfin en face de la loi ordinaire et de la justice régulière de mon pays ; j'aime mieux ses rigueurs, même excessives, que l'arbitraire le plus indulgent ; oui, nous avons soif de justice, nous avons foi dans la vôtre, nous l'attendons. (*Vive sensation dans l'auditoire.*)

Le Tribunal délibéra pendant deux heures et statua en ces termes :

« En droit,

» Attendu qu'aux termes de l'art. 6 de la loi du 27 juillet 1849, tout distributeur d'écrits doit être pourvu d'une autorisation délivrée, pour Paris, par le préfet de police, et pour les départements, par les préfets ;

» Attendu que les termes de cet article sont généraux et absolus, et s'appliquent à toute espèce de distribution, même à la distribution accidentelle ;

» Attendu que celui qui remet les écrits pour les distribuer s'est assimilé au distributeur lui-même ;

» Attendu que l'art. 283 du Code pénal punit ceux qui contribuent sciemment à la publication ou à la distribution d'écrits sur lesquels ne se trouve pas l'indication des nom et demeure de l'imprimeur ;

» Attendu que cet article contient des dispositions d'ordre public et d'intérêt général qui doivent s'appliquer également aux écrits imprimés en France, comme à ceux imprimés à l'étranger :

» En fait,

» Attendu qu'il résulte de l'instruction et des débats qu'en février dernier Bocher a remis à Malzy, employé de la maison Bidault, pour être distribués, un certain nombre d'exemplaires d'écrits imprimés intitulés : « Faits à l'appui de la défense du droit de propriété contre les décrets du 22 janvier 1852 ; » le second : « Les exécuteurs testamentaires du feu roi Louis-Philippe au Prince Président de la République ; » le troisième : « A Messieurs les exécuteurs testamentaires du feu roi Louis-Philippe ; »

» Attendu qu'il est constant que ces écrits ont été distribués ;

» Attendu que Bocher, qui n'était pas autorisé à en faire la distribution, en remettant à la maison Bidault, qui elle-même n'était pas autorisée, les exemplaires qui ont été distribués, s'est associé au fait de cette distribution ; qu'au surplus, il ressort des circonstances de la cause qu'il a lui-même distribué plusieurs exemplaires de ces mêmes écrits ;

» Attendu que si Bocher n'a eu de rapports qu'avec Malzy, il n'en est pas moins certain que Dubief, directeur-gérant de ladite maison, a nécessairement coopéré à la distribution, qui ne pouvait avoir lieu sans ses ordres ;

» Attendu qu'il est en outre établi que lesdits écrits, à la distribution desquels Bocher, Dubief et Malzy ont contribué, ne portent pas les nom et demeure de l'imprimeur ;

» Qu'ainsi, en distribuant sans autorisation des écrits imprimés, sur lesquels ils savaient que les nom et demeure de l'imprimeur ne se trouvaient pas, Bocher, Dubief et Malzy ont contrevenu aux dispositions de l'art. 6 de la loi du 27 juillet 1849 et de l'art. 283 du Code pénal ;

» Attendu que l'art. 6 de la loi du 27 juillet 1849 prononce la peine la plus forte et doit seule être appliquée ;

» Vu ledit article, ensemble l'art. 463 du Code pénal ;

» Condamne Bocher à 500 francs d'amende, Dubief et Malzy chacun à 150 francs d'amende, les condamne solidairement aux dépens :

» Ordonne, en conséquence, que Bocher sera mis en liberté s'il n'est détenu pour autre cause. »

Ce jugement, bien qu'il prononçât une condamnation, avait été salué par les applaudissements de l'auditoire. Le public avait compris que si le Tribunal s'était considéré comme obligé par la loi de sévir, il avait usé du droit que lui donnait l'article 463 du Code pénal de se montrer indulgent. Il avait réduit la peine à une amende, dans l'espèce à peu-près insignifiante, comme s'il eût voulu témoigner ainsi le regret qu'il éprouvait de se trouver dans la nécessité de punir des faits qui, au point de vue de la morale et de la conscience individuelle, ne lui semblaient sans doute pas répréhensibles.

Cette mansuétude qui équivalait presque à un acquittement ne faisait pas le compte du ministère public qui interjeta appel *a minima ;* les parties, de leur côté, formèrent un pourvoi contre la décision des premiers juges. L'affaire revint devant la Cour de Paris (Chambre des appels de police correctionnelle) à l'audience du 18 mars. La Cour était composée de MM. Férey, président ; — Mourre, Lamy, Barbou, Bresson, de Vergès et Anspach, conseillers. Le siége du ministère public était occupé par M. Mongis, avocat-général.

M. Odilon Barrot se retrouvait au banc de la défense. Il avait, cette fois, à ses côtés Me Allou, dont les deux prévenus Dubief et Malzy avaient réclamé l'assistance.

On avait interdit aux journaux de rendre compte des débats qui avaient eu lieu devant le premier degré de juridiction, c'était la conséquence de l'attitude que le pouvoir avait prise à l'origine, en refusant à ses adversaires d'user des moyens qui pouvaient leur permettre d'appeler l'opinion publique à leur aide, et de la faire juge des faits contre lesquels ils avaient protesté et dont ils allaient poursuivre le redressement.

Mais, dans l'intervalle d'une audience à l'autre, on avait changé de système et de conduite.

Ce qu'on avait refusé en février, on avait fini par comprendre qu'il fallait l'accorder en mars. La censure pendant un temps avait interdit les publications les plus innocentes, les plus légitimes, les plus nécessaires ; puis elle s'était départie de ses rigueurs, et le *Mémoire à consulter* aussi bien que la *Consultation* des jurisconsultes avaient trouvé un imprimeur à Paris. Qui sait ? peut-être la magistrature elle-même avait-elle protesté contre l'interdit dont avaient été l'objet des publications d'un caractère exclusivement judiciaire !

Cette évolution du pouvoir, témoignait que l'opinion avait conservé chez nous une grande puissance ; elle permettait d'espérer que la Cour de Paris se montrerait au moins aussi indulgente que les juges du premier degré. Il n'en fut rien. M. l'avocat-général Mongis fut très-vif contre M. Bocher auquel il reprocha son « dévouement excessif ». Il plaça le débat sur le terrain politique et fit résolûment l'apologie des décrets du 22 janvier ; il alla jusqu'à tenter de faire sortir des élections qui venaient d'avoir lieu pour la formation du Corps législatif l'approbation formelle de ces décrets. C'était une provocation à laquelle M. Bocher et son honorable défenseur s'abstinrent de répondre.

M. Bocher renouvela devant la Cour les explications qu'il avait données devant la sixième Chambre. Quant à M. Odilon Barrot, il se renferma dans l'examen de la question de droit et lorsqu'il l'eut discutée sous tous ses aspects, il termina ainsi :

Nous vous demandons d'oublier toutes les considérations politiques que le ministère public faisait valoir. — Non, et Dieu merci, vous n'avez pas à peser dans votre balance l'intérêt d'un pouvoir naissant et les malheurs d'une famille déchue. — C'est nous qui vous supplions d'écarter de vos consciences jusqu'à l'émotion que vous pouvez éprouver, lorsque vous vous trouvez, même indirectement, en présence d'aussi grandes infortunes.

Oubliez tout cela, Messieurs ; mais n'oubliez pas les faits, n'oubliez pas les circonstances qui les entourent et auxquelles il n'est pas nécessaire de rattacher des noms illustres. N'oubliez pas que mon client était obligé de faire pour ses mandants plus même qu'il n'aurait fait pour lui-même ; qu'il avait leur patrimoine, leur honneur à défendre, que les moments sont précieux, que l'exécution est menaçante, qu'il n'y a pas de temps à perdre, qu'il faut se hâter d'expliquer les faits, détruire les erreurs, mettre le pouvoir en face de l'évidence, et, si des juges nous sont refusés, dire au moins à ce pouvoir, que nous honorons par cela même que nous lui supposons la force la plus grande, la vertu la plus élevée, celle de rétracter sa propre erreur : « Vous avez été trompé sur les faits, trompé sur les principes, trompé sur les lois. Une convention s'est faite. Vous en changez les conditions après vingt ans d'exécution, etc. » Oubliez qu'il s'agit de princes, de membres d'une famille éminente ; supposez, Messieurs, que ce sont de simples propriétaires menacés dans leur fortune, atteints par des circonstances étrangères à la politique, ayant laissé un mandataire loyal pour les défendre. Ce mandataire a épuisé tous les moyens réguliers ordinaires. Il a rencontré la censure, les refus du pouvoir pour publier même une consultation judiciaire, c'est-à-dire un de ces documents qui, dans tous les pays et dans tous les temps, relèvent de la justice et non de la police, et jouissent du privilége d'aborder le juge sans intermédiaire ; parce que la responsabilité ici est attachée à la profession et à l'honneur que nous avons de relever de vous, Messieurs, de répondre devant vous de l'abus que nous pourrions faire de notre ministère. Encore une fois, ce mandataire a vu toutes ces considérations foulées aux pieds, à deux reprises différentes, sur deux tentatives successives ; refus, refus formel de la censure de permettre l'impression et la publication de cette consultation. Eh bien ! c'est alors, Messieurs, et alors seulement que ce mandataire, pour qui la persévérance est un devoir, fait imprimer en Angleterre ce qu'on ne lui permet pas de faire imprimer en France ; c'est alors qu'il cherche à répandre ces imprimés en France, par la voie de la poste ; c'est alors aussi que l'agent d'une entreprise de distribution, à laquelle il ne s'était d'abord adressé que pour des enveloppes, n'avait commandé que des couvertures, lui offre de faire office de la poste, et que, confiant dans les assurances de cet agent, dans sa notoriété, il lui remet ses imprimés. Voilà le fait dans toute sa simplicité.

Pouvait-il, je vous le demande, agir autrement ? Il aurait donc fallu qu'il se tût, qu'il assistât jour par jour à ce travail de diffamation contre l'honneur du père de ses mandants, qu'il vît entre les mains de tout le monde des journaux reproduisant ces histoires de la fortune des d'Orléans, ces vieilles accusations dont les unes mêmes descendent jusqu'à des imputations odieuses, d'autant plus odieuses qu'elles rejaillissent même sur la justice. Tout cela se propage, tout cela se répand avec les autorisations du pouvoir, sans aucun empêchement ; et pour nous, partout la censure, partout le refus. Les soupirs de notre plainte ne peuvent pas même traverser le réseau qui nous entoure.

Et vous ne verriez pas là une circonstance atténuante ! Oubliez qu'il y a là des princes, prenez le dernier des hommes, le plus ignoré des paysans dans une pareille situation. Lui contesterez-vous le bénéfice de ce droit sacré en tout temps et en tout pays, le droit de pétition et de défense ? Est-ce que vous, qui ne permettez pas que le plus léger des intérêts puisse être lésé sans être défendu, vous ne trouveriez pas une circonstance atténuante dans le caractère défensif de l'acte de mon client ?..... Et s'il s'agit du mandataire d'une famille absente, forcément privée du droit de se défendre elle-même, ne tiendrez-vous pas compte à ce mandataire du devoir d'honneur qui, dans une telle situation, lui était imposé ? Le fait que vous avez à apprécier moralement, équitablement, s'offre donc à vous sous la triple sauvegarde, sous la triple recommandation du *droit*, du *devoir* et de la *nécessité*.

Le ministère public reproche aux premiers juges de ne pas avoir exprimé les motifs qui les ont déterminés à atténuer la peine ; il devrait bien plutôt honorer et louer leur réserve et leur prudence. Mais vous ne vous êtes donc pas rendu compte de leurs sentiments ? Vous ne vous êtes donc pas mis à la place de ces magistrats consciencieux qui, après avoir satisfait à la partie rigoureuse de leur devoir, après avoir maintenu la sévérité de la loi par une doctrine dont vous ne contesterez pas la fermeté, heureux cependant de pouvoir, parce que le législateur les y convie, consulter le sentiment de l'équité, n'ont pas hésité à tenir compte des circonstances dans lesquelles le fait a eu lieu, de la bonne foi des parties, des conjectures tout exceptionnelles dans lesquelles on les avait placés ? Vous pourriez ajouter aujourd'hui : de la justice tardive que leur fait le pouvoir, cette justice qui accorde aujourd'hui ce droit de contradiction qu'il défendait il y a quelques jours !

Ah ! si vous nous l'aviez permise, cette publicité, si vous nous en aviez ouvert l'arène, le jour où nos droits, notre honneur ont été attaqués, le procès n'existerait pas, il n'aurait pas eu lieu. C'est donc parce que les juges ont pressenti cette justice que le pouvoir nous accorde enfin, parce qu'ils n'ont pas pu méconnaître ce droit sacré de défense, qui a enfin triomphé des obstacles qu'on y apportait, que vous les trouveriez trop indulgents ? Et encore ces juges ont-ils appliqué le maximum de l'amende. Je ne parlerai pas de cette circonstance-là si je n'avais à les venger de cette prétendue faiblesse dont on les accuse. En outre, il leur a été bien permis de prendre en considération quinze jours de détention préventive infligés à un homme établi, responsable, rigueur inutile qui a dû entrer dans leur balance.

Je ne suivrai pas M. l'avocat général dans la statistique qu'il a cru devoir soumettre à la Cour des condamnations correctionnelles qui ont déjà été portées contre le colportage. Je n'ai pas les mêmes facilités que lui pour rechercher dans quelles conditions ces condamnations ont été prononcées. Je suis sûr d'avance qu'elles l'ont

été dans d'autres conditions que la nôtre ; sans cela, il en résul-
terait contre nos premiers juges un reproche de partialité que je
repousse de toutes les forces de ma conviction et de toute l'énergie
de mon respect pour la justice.

Croyez-vous que les premiers juges aient manqué au principe de
l'égalité ? Que, sévères contre des malheureux, ils n'aient connu
l'indulgence que pour des prévenus d'une classe plus élevée ? Avez-
vous bien songé à la portée d'un pareil reproche ?

Ah ! si ces condamnations dont on excipe m'étaient livrées, et
que je pusse les examiner, il me serait facile de venger l'impartialité et l'honneur des magistrats, et de faire voir que si le juge
s'est montré sévère contre des gens qui, placés par leur profession
sous la suveillance de la police, ont cherché à se soustraire à cette
surveillance, il lui a été bien permis, sans mériter le reproche de
partialité, de faire une distinction entre la profession et le fait
accidentel, entre la spéculation et l'exercice d'un droit de défense
entre l'acte libre, spontané, et l'accomplissement forcé d'un
devoir.

Messieurs, le caractère qui a été donné à l'appel du ministère
public le rend plus grave que je ne l'aurais supposé. On vous demande de rétablir l'égalité qui aurait été violée par les premiers
juges. Ah ! ceci m'avertit que désormais il s'agit bien plus dans ce
débat de la cause de la magistrature que de la nôtre.

C'est l'honneur des premiers juges que je défends et que je revendique ici, en faisant ressortir cette vérité que je crois avoir
démontrée, à savoir: que dans nulle cause plus que dans celle-ci,
même par hypothèse et par prévision, il ne serait possible d'accu-
muler plus de circonstances atténuantes ; que l'article 463 y est
bien appliqué, et qu'en refuser l'application dans l'ensemble des
faits que j'ai eu l'honneur d'exposer, ce ne serait pas affaiblir ni
énerver la loi, comme on l'a dit, ce serait la destituer de cette
disposition essentielle et tutélaire au moyen de laquelle le législateur, dans les prévoyances de sa sagesse et de sa justice, a armé
les magistrats du droit d'être équitables après qu'ils ont fait aux
rigueurs de la loi la juste part qui leur appartient.

Je l'ai déclaré en commençant, et je le répète en finissant, je ne
veux pas suivre M. l'avocat général sur le terrain des considérations politiques qu'il a abordées. Je ne veux pas parler de ce pouvoir naissant qui a besoin d'être soutenu, des bases sur lesquelles il
repose, ni discuter les services qu'il a rendus. Tout cela c'est de la
politique, et je ne veux, devant la justice, parler que de droit et de
justice. Mais si la pensée de M. l'avocat général était relevée dans
le sein de vos délibérations, si, par des considérations empruntées
à la politique, on insinuait que ce pouvoir nouveau attend de vous
la concession de quelques jours de prison contre mon client, pour
y puiser je ne sais quelle force, je ne sais quel appui moral, vous
vous souviendrez, Messieurs, des exemples de vos prédécesseurs,

et vous direz avec eux : « Nous rendons des arrêts et non des services. » — Dans ce cercle fatal qui ramène tour à tour et successivement tous les partis à l'état de vainqueurs ou de vaincus, d'oppresseurs et d'opprimés, que la justice, du moins, reste indépendante des passions et des intérêts du moment ! Qu'elle ait toujours devant les yeux cette réponse à jamais mémorable d'un magistrat que le pouvoir d'alors pressait de faire taire ses scrupules judiciaires devant la raison d'Etat : « Si je condamne l'accusé, s'écria-t-il, qui m'absoudra, moi ! »

Vous serez justes, Messieurs, rien que justes ; il n'y a pas de raison d'Etat supérieure à la justice, car ce n'est que par la justice que se consolident et se fortifient les gouvernements.

Cette plaidoirie, si remarquable qu'elle eût été, n'eut pas le succès qu'on aurait pu en attendre. Le ministère public avait demandé une condamnation corporelle au nom d'un pouvoir naissant qu'il ne fallait pas affaiblir. Il avait fait l'apologie des décrets du 22 janvier, et, selon lui, l'indulgence eût pu ressembler à une protestation contre ces décrets. La Cour se montra sévère : elle réforma la décision des premiers juges et condamna M. Bocher à un mois de prison.

Ainsi donc, parce que M. Bocher avait ressenti, vivement et en homme de cœur, le coup porté aux princes dont il était le mandataire ; parce qu'il s'était joint à eux pour venger la mémoire de leur père ; parce qu'il avait aidé leur piété filiale à se manifester dans la mesure de ce qui était alors possible, il ne sufsait pas qu'avant de comparaître devant ses juges il eût subi quinze jours de prison préventive comme le plus obscur et le plus maltraité des malfaiteurs ; il fallut encore que l'arrêt définitif prononcé contre lui déclarât que c'était à tort qu'on lui avait accordé des circonstances atténuantes et le privât pendant un mois de sa liberté, en l'assimilant à ces colporteurs sans foi ni loi qui répandent dans nos campagnes le poison de l'immoralité et du vice, et contre lesquels seulement, lorsque la loi du 27 juillet 1849 fut soumise à l'Assemblée, ceux qui votèrent cette loi avaient entendu protéger la société.

Il nous reste à aborder un autre ordre de faits qui ne sont ni moins curieux ni moins instructifs que ceux que nous venons de rappeler en regrettant plus d'une fois de n'avoir pu donner plus de développements à notre récit. Nous allons consacrer à ces faits qui se sont déroulés devant la justice civile d'abord, puis devant le conseil d'État, la deuxième partie de notre travail.

DEUXIÈME PARTIE.

L'administration des Domaines s'était emparée des propriétés de Neuilly et de Monceaux. Les princes de la maison d'Orléans durent l'assigner devant le Tribunal civil de la Seine, pour faire reconnaître leur droit de propriété sur les biens dont leurs agents venaient d'être expulsés, et pour se faire maintenir en possession. La requête ci-dessous expose les faits qui donnèrent lieu au procès.

A Monsieur le président du Tribunal civil de première instance de la Seine, au Palais-de-Justice, à Paris.

« 1° Louis-Charles-Philippe-Raphaël d'Orléans, duc de NEMOURS ;

» 2° François-Ferdinand-Philippe-Louis-Marie d'Orléans, prince de JOINVILLE ;

» 3° Henri-Eugène-Philippe-Louis d'Orléans, duc d'AUMALE ;

» 4° Antoine-Marie-Philippe-Louis d'Orléans, duc de MONTPENSIER ;

» Ayant tous quatre leur domicile à Paris, rue de Varennes, n° 55, mais résidant de fait, savoir : le duc de Nemours, le prince de Joinville et le duc d'Aumale, au château de Claremont (Angleterre), et le duc de Montpensier, à Séville (Espagne), sans préjudice, pour le duc d'Aumale, du domicile particulier qu'il a à Paris, rue de Grenelle-Saint-Germain, n° 71, au siége de l'administration de ses biens provenant de la succession du duc de Bourbon;

» 5° S. A. R. Marie-Clémentine-Caroline-Léopoldine-Clotilde, duchesse de Saxe, princesse de Saxe-Cobourg-Gotha, épouse de

S. A. R. Auguste-Louis-Victor, duc de Saxe, prince de Saxe-Cobourg-Gotha, et M. le prince de Saxe-Cobourg-Gotha pour assister et autoriser la dame son épouse, demeurant ensemble à Cobourg (Saxe) ;

» 6° S. A. R. Mme Hélène-Louise-Elisabeth, princesse de Mecklembourg-Schwerin, duchesse d'Orléans, veuve de Ferdinand-Philippe-Louis-Charles-Henri d'Orléans, duc d'Orléans, ayant son domicile à Paris, rue de Varennes, n° 55, au siége de l'administration des biens et des affaires de la maison d'Orléans, et résidant de fait à Esher, comté de Surrey (Angleterre) ;

» S. A. R. Mme la duchesse d'Orléans, agissant comme tutrice naturelle et légale : 1° de Louis-Philippe-Albert d'Orléans, comte de Paris ; 2° et de Robert-Philippe-Louis-Eugène-Ferdinand d'Orléans, duc de Chartres, ses deux enfants mineurs, demeurant et résidant avec elle, issus de son mariage avec feu le duc d'Orléans ;

» Et, en outre, agissant en son nom personnel comme ayant la jouissance légale des biens des deux princes ses fils mineurs susnommés ;

» 7° S. M. Léopold Ier (Georges-Chrétien-Frédéric), roi des Belges, demeurant au château de Bruxelles (Belgique) ;

» S. M. le roi des Belges, tuteur naturel et légal : 1° de Léopold-Louis-Philippe-Marie-Victor, duc de Brabant, prince royal ; 2° de Philippe-Eugène-Ferdinand-Léopold, comte de Flandre ; 3° de Marie-Charlotte-Amélie-Auguste-Victoire-Clémentine-Léopoldine, ses trois enfants mineurs, demeurant avec lui, issus de son mariage avec S. M. Louise Marie-Thérèse-Charlotte-Isabelle d'Orléans, reine des Belges, décédée au palais d'Ostende le 11 octobre 1850 ;

» Et, en outre, S. M. le roi des Belges en son nom personnel, comme ayant la jouissance légale des biens des deux princes ses fils, et de la princesse sa fille, lesquels sont seuls héritiers de la reine leur mère ;

» De plus, S. M. le roi des Belges, agissant comme légataire universel de la feue reine des Belges ;

» 8° S. A. R. le duc Frédéric-Guillaume-Alexandre de Wurtemberg, demeurant à Beyreuth (Bavière), tuteur naturel et légal de S. A. R. le duc Philippe-Alexandre-Marie-Ernest de Wurtemberg, son fils mineur, demeurant avec lui, né de son mariage avec Marie-Christine-Caroline-Adélaïde-Françoise-Léopoldine d'Orléans, décédée à Pise (Italie), le 2 janvier 1839 ;

» Tous les susnommés agissant : 1° comme donataires du feu roi Louis-Philippe, aux termes de l'acte de donation du 7 août 1830, de tous les biens compris dans ladite donation ; 2° comme héritiers, mais sous bénéfice d'inventaire seulement, et pour la part afférente à chacun d'eux, du roi Louis-Philippe, leur père et aïeul, lequel avait son domicile à Paris, et est décédé à Claremont (Angleterre), le 26 août 1850 ;

» Et, en outre, agissant comme héritiers et représentants de feue Madame Adélaïde, leur tante et grand'tante, décédée à Paris, au château des Tuileries, le 31 décembre 1847 ;

» Ayant tous les susnommés M⁰ Louis-Jules-Ernest Denormandie pour avoué ;

» Requièrent qu'il vous plaise, M. le président ;

» Vu les actes tendant à éviction dirigés, au nom de l'administration des Domaines, contre les requérants, et les dispositions de l'art. 72 du Code de procédure civile ;

» Les autoriser à assigner d'urgence et au plus prochain jour d'audience, M. le directeur général des Domaines, pour :

» Attendu que l'administration des Domaines vient de faire des actes tendant à s'emparer des domaines de Neuilly et de Monceaux, le premier dépendant de la succession du roi Louis-Philippe, le second dépendant de sa succession et de celle de feue Mme la princesse Adélaïde d'Orléans, sa sœur ;

» Que les mandataires des requérants ont protesté contre ces actes, qui portaient atteinte aux droits de propriété de leurs mandants, et fait opposition à leur exécution ;

» Que les régisseurs des domaines (M. Daudan, à Neuilly, et M. Lagarde, à Monceaux) ont déclaré être sous les ordres de l'administration des biens de la maison d'Orléans, et dit qu'ils n'avaient d'instructions à recevoir que de ladite administration ; ajoutant MM. Daudan et Lagarde qu'ils protestaient de la manière la plus formelle contre la tentative dont ils étaient l'objet, et demandaient à faire constater leur résistance et ses motifs, que les prétendus délégués du directeur des Domaines ont déclaré avoir ordre exprès de ne recevoir aucune protestation, et de passer outre malgré toutes les résistances, au besoin par la force ;

» Que M. Dalvi, vérificateur des Domaines, s'est présenté le samedi 10 du courant, à trois heures et demie, à Neuilly, auprès de M. Daudan, annonçant l'intention de prendre possession de ce bien ; — que cette tentative a été renouvelée le lundi 12, et qu'après trois sommations, suivies de refus, les portes ont été ouvertes par un serrurier requis à cet effet ;

» Que M. Abraham, autre vérificateur des Domaines, s'est présenté le même jour, samedi, 10 du courant, à trois heures et demie, au domaine de Monceaux, auprès de M. Lagarde, annonçant l'intention de prendre possession dudit bien ; — que cette tentative a été également renouvelée le lundi 12, et qu'après trois sommations, suivies de refus, les portes ont été ouvertes par un serrurier requis à cet effet ;

» Attendu que le domaine de Neuilly se composait d'acquisitions diverses faites pour partie avant 1830, et pour partie depuis 1830 ;

» Attendu que le domaine de Monceaux, acquis par le feu roi Louis-Philippe, alors duc d'Orléans, et par sa sœur Mme la princesse Adélaïde, aux enchères publiques, et payé aux créanciers de la succession du duc d'Orléans, leur père, est un bien privé, qui n'a aucun caractère domanial ou apanager; qu'en tous cas, si l'administration des Domaines élevait à cet égard quelques prétentions, elle devrait les faire juger, et non s'emparer par force, et de sa propre autorité, d'un bien tout patrimonial; et que ce domaine appartient par indivis à la succession du feu roi Louis-Philippe et à celle de sa sœur;

» Attendu, quant à ces domaines de Neuilly et de Monceaux, que la propriété du feu roi, antérieure à son avénement au trône en 1830, conservée par lui à titre de domaine privé, reconnue et consacrée par la loi du 2 mars 1832, n'a été l'objet d'aucune attaque ou réclamation depuis 1830 jusqu'à la révolution de 1848;

» Que le feu roi a joui et disposé desdits biens pendant tout cet intervalle de temps;

» Attendu que si la révolution de 1848 a ordonné des séquestres sur les biens de la maison d'Orléans, deux décrets rendus par les Assemblées constituante et législative, les 25 octobre 1848 et février 1850, ont prescrit la remise desdits biens aux mandataires des propriétaires et la levée définitive de tout séquestre;

» Attendu que les droits de propriété auxquels l'administration des Domaines voudrait aujourd'hui porter atteinte, reposent sur la patrimoniale des biens, et sur une série de titres et de lois;

» Attendu que, indépendamment des titres formels et des textes des lois, les requérants sont en possession;

» Attendu qu'aux termes de l'art. 2227 du Code Napoléon, l'État est soumis aux mêmes prescriptions que les particuliers; que, suivant l'art. 2265, la prescription, dans l'espèce, aurait été acquise par le laps de dix ans, depuis 1830; et qu'il s'en est écoulé plus de vingt, sans aucune contestation élevée sur la légitimité des droits des requérants;

» Attendu, enfin, la faveur et la bonne foi qui s'attachent aux contrats de mariage contractés avec les tiers, qui, chacun en ce qui le concerne, ont reçu ou apporté en dot, ou constitué en hypothèque les biens dont il s'agit;

» Voir dire que c'est sans droit que les agents des requérants ont été expulsés; et en conséquence que les requérants seront maintenus et gardés dans la possession et propriété des deux domaines de Neuilly et Monceaux;

» Et pour, en outre, répondre et procéder comme de raison; et se voir le défendeur condamner aux dépens, même à tous dommages-intérêts; — sous la réserve de prendre ultérieurement toutes autres et plus amples conclusions;

» Et vu les dispositions de l'art. 135 du Code de procédure civile ;

» Voir ordonner l'exécution du jugement à intervenir par provision, nonobstant opposition ou appel, même sur minute ;

» Sous réserve, enfin, de tous moyens, droits et actions ;

» Aux fins ci-dessus, les requérants vous demandent, M. le président, de leur donner toutes autorisations nécessaires, dire votre ordonnance exécutoire avant l'enregistrement, et de commettre tous huissiers audienciers pour la délivrance des actes à notifier ;

» Et vous ferez justice.

» E. Denormandie.

» 13 avril 7852. »

M. le président du Tribunal civil de première instance de la Seine répondit à cette requête par l'ordonnance de référé que voici :

« Nous, président du Tribunal, vu la requête, permettons d'assigner aux fins de la requête ci-dessus, au 16 avril courant, par devant la première Chambre du Tribunal, et sera l'assignation donnée par Marécat, huissier audiencier, que nous commettons à cet effet ;

» Disons que la présente ordonnance sera exécutoire avant l'enregistrement, mais à la charge de la faire enregistrer dans les deux jours.

» Paris, 13 avril 1852.

» De Belleyme.

» Enregistré à Paris, le 13 avril 1852, f° 131, c. 4. Reçu 3 fr. 30 c

» Hennissart. »

C'est en vertu de cette ordonnance que l'administration des Domaines fut assignée à comparaître devant la première Chambre du Tribunal civil de la Seine. A l'audience du 16 avril, jour où l'affaire fut appelée pour la première fois, M. Berryer se leva et demanda qu'il plût au Tribunal donner défaut contre l'administration des Domaines et adjuger aux princes d'Orléans les conclusions de leur requête. M. le substitut Descoutures, qui occupait le siége du ministère public, se leva lui-même presque aussitôt et déclara qu'il était chargé de présenter, au nom de M. le préfet de la Seine, un déclinatoire ainsi conçu :

DÉCLINATOIRE PRÉSENTÉ PAR LE MINISTÈRE PUBLIC.

« Nous, préfet de la Seine,

» Vu 1º le décret du 22 janvier dernier, déclarant nulle, comme contraire au droit public français, la donation faite sous réserve d'usufruit par le feu roi Louis-Philippe à ses enfants, le 7 août 1830, et prononçant la restitution au domaine de l'État des biens qui en ont été l'objet, pour être vendus en partie à la diligence de l'administration des Domaines ;

2º Un second décret du 27 mars suivant, ordonnant la vente au profit de l'Etat, entre autres biens, des domaines de Neuilly et de Monceaux, compris nommément dans cette donation, et ayant fait retour au Domaine en vertu du premier décret ;

» 3º Et une copie certifiée dudit acte de donation, passé devant Mᵉˢ Dentend et Noël, notaires à Paris ;

» Vu, en outre, 1º l'art. 10, titre II, de la loi des 16 et 24 août 1790, portant :

« Les tribunaux ne pourront prendre directement ou indirecte-
» ment aucune part à l'exercice du pouvoir législatif, ni empêcher
» ou suspendre l'exécution des décrets, etc. »

» Et l'art. 13, disposant que les fonctions judiciaires sont distinctes et demeureront toujours séparées des fonctions administratives, et que les juges ne pourront, à peine de forfaiture, troubler de quelque manière que ce soit les opérations des corps administratifs, ni citer devant eux les administrateurs pour raison de leurs fonctions ;

» 2º L'arrêté du Gouvernement du 16 fructidor an III, faisant défense itérative aux tribunaux de connaître des actes d'administration, de quelque espèce qu'ils soient ;

» 3º Et enfin les dispositions de l'ordonnance réglementaire du 17 juin 1828 ;

» Considérant qu'en exécution des décrets sus-visés, il a été pris possession, au nom de l'État, des domaines de Neuilly et de Monceaux ;

» Considérant qu'à ce sujet, les héritiers du feu roi Louis-Philippe, ayant pour avoué Mᵉ Denormandie, viennent, en vertu de permission du juge, et suivant exploit de Marécat, huissier à Paris, en date du 13 de ce mois, d'assigner M. le directeur général des Domaines à comparaître à l'audience de la première Chambre du Tribunal civil de première instance de la Seine, du vendredi 16, pour voir dire par l'autorité judiciaire que la prise de possession qui a été opérée, au nom de l'État, des domaines de Neuilly et de Monceaux, serait contraire aux titres de propriété des requérants ; que ce serait sans droit que leurs agents auraient été expulsés, et qu'en conséquence lesdits requérants seraient maintenus et gardés dans la possession et propriété de ces domaines ;

» Considérant que les biens dont il s'agit sont nommément compris dans la donation du 7 août, et qu'il en a été régulièrement pris possession en exécution des décrets sus-visés ; lesquels, ayant essentiellement le caractère d'actes du Gouvernement et de haute administration, ont prononcé le retour desdits biens à l'Etat, et ont même déjà ordonné la vente dans les formes prescrites pour les ventes des biens nationaux ;

» Considérant, dès lors, que la demande formée au nom des héritiers du feu roi Louis-Philippe est en opposition avec les décrets sus-visés, et que le Tribunal ne saurait en demeurer saisi sans contrevenir aux dispositions des lois qui défendent aux autorités judiciaires de connaître des actes d'administration et de Gouvernement sans violer le principe de la séparation des pouvoirs,

» Concluons, par ces motifs, qu'il plaise au Tribunal se déclarer incompétent pour statuer sur la demande formée au nom des héritiers du feu roi Louis-Philippe, suivant exploit susénoncé, du 13 de ce mois.

» Fait à Paris, le 15 avril 1852.

» *Signé* : BERGER. »

Après le dépôt de ce déclinatoire, M. Berryer se leva de nouveau, et, attendu que les conseils des princes d'Orléans venaient seulement d'avoir connaissance de l'intervention de M. le préfet de la Seine, demanda qu'il plût au Tribunal remettre la cause à huitaine pour être, après communication, plaidé sur le déclinatoire présenté.

C'est dans cette situation que l'affaire revint à l'audience du 23 avril.

Le Tribunal se composait de M. de Belleyme, président ; — M. d'Herbelot, vice-président ; — MM. Picot, Collette de Beaudicourt, Gallois, Sevestre et de Charnecé, juges ; — Petit et Marjolin, juges-suppléants.

M. le président ayant donné la parole au ministère public, M. le substitut Descoutures rappela le déclinatoire qu'il avait déposé, et, à l'appui, il remit au Tribunal les conclusions suivantes :

« Vu l'exploit du ministère de Marécat, huissier, en date du 15 avril présent mois, contenant, à la requête des susnommés (les membres de la famille d'Orléans), ès noms qu'ils agissent, assignation au Domaine ;

» Vu le déclinatoire élevé par M. le préfet de la Seine ;

» Vu l'art. 6 de la loi du 16-24 août 1790 ;

» Attendu que l'art. 1er de la loi du 22 janvier 1852 porte que les biens meubles et immeubles, qui sont l'objet de la donation faite le 7 août 1830 par le roi Louis-Philippe, sont restitués au domaine de l'État ;

» Attendu que, aux termes de l'art. 1er de la loi du 27 mars 1852, le ministre des finances a été autorisé à aliéner une partie de ces immeubles, notamment les bois dépendant des domaines de Neuilly et de Monceaux ;

» Qu'en exécution des lois précitées et dans le but de parvenir à la vente prescrite par celle du 27 mars, l'État, dans la personne d'agents de l'administration des Domaines, a été mis, le 10 avril 1852, en possession des immeubles susdénommés ;

» Attendu que, en cet état de choses, c'est à tort que les requérants prétendraient saisir le Tribunal civil de la question de propriété de ces immeubles ;

» Attendu, en effet, que le principe en vertu duquel les tribunaux civils sont compétents pour statuer sur les questions de propriété, même à l'égard de l'État, ne saurait être appliqué lorsque, comme dans la cause actuelle, le droit a été souverainement réglé par le législateur lui-même, et que le point en litige a été l'objet de dispositions législatives spéciales qui ne soulèvent aucune difficulté d'interprétation ;

» Que dans aucun cas les tribunaux civils ne peuvent connaître d'une action intentée contre la loi elle-même pour ainsi dire, et dans le but de contester un droit expressément sanctionné par elle.

» Que décider le contraire, ce serait admettre qu'ils peuvent s'immiscer dans l'exercice de la puissance législative et empêcher ou suspendre l'exécution de ses décrets ; ce qui leur est également interdit par la loi même de leur organisation et par la nature des pouvoirs qui leur sont conférés ;

» Attendu, sous un autre point de vue, que les agents de l'administration des Domaines, en procédant à la prise de possession des domaines de Neuilly et de Monceaux, ont agi en exécution des décisions administratives, prises en vertu des lois des 22 janvier et 27 mars 1852 ; qu'en cela ils ont opéré dans le cercle et dans les limites de leurs attributions administratives ;

» Attendu, en effet, que l'administration des Domaines a seule qualité pour faire procéder à la vente ordonnée par la loi du 27 mars, et que tous les actes émanés d'elle, et qui doivent avoir pour résultat de parvenir à cette vente, ont un caractère essentiellement et exclusivement administratif ;

» Attendu qu'aux termes de la loi du 16-24 août 1790, les juges ne peuvent, à peine de forfaiture, troubler, de quelque manière que ce soit, les opérations des corps administratifs ;

» Que ce principe est non moins énergiquement formulé dans la loi du 16 fructidor an III, qui fait défense itérative aux tribunaux de connaître des actes d'administration, de quelque nature qu'ils soient ;

» Attendu, enfin, qu'il est de principe et de jurisprudence que les tribunaux doivent s'arrêter devant les décisions administratives, tant qu'elles n'ont pas été réformées ou annulées par l'autorité administrative supérieure (arrêts de cassation : 10 mars 1830, 18 avril 1833);

» Se déclarer incompétent. »

Immédiatement après cette lecture, Mᵉ Denormandie, avoué des princes d'Orléans, rédigea à la barre et fit remettre au Tribunal des conclusions ainsi conçues :

« Attendu qu'il s'agit d'une question de propriété débattue entre les demandeurs et l'administration des Domaines, laquelle est essentiellement de la compétence des tribunaux ;

» Attendu que les arguments qu'on a prétendu tirer du deuxième décret du 22 janvier constituent un des moyens du fond, mais ne peuvent pas autoriser à décliner l'autorité des tribunaux, qui auront seulement à apprécier les divers moyens que chacune des parties fera délivrer de ses titres respectifs ;

» Attendu que d'ailleurs, et indépendamment des titres écrits sur lesquels les demandeurs s'appuient, ils invoquent le bénéfice de la prescription décennale avec juste titre et bonne foi, ainsi que l'état d'indivision reconnu dans le texte même des décrets relatifs aux domaines revendiqués, et par tous autres moyens plaidés à l'audience et ceux qu'il plairait au Tribunal de suppléer ;

» Sans s'arrêter ni avoir égard au déclinatoire proposé, ordonner qu'il sera plaidé au fond. »

La reproduction de ces différentes pièces était nécessaire pour faire connaître la marche de la procédure et le caractère du débat qui allait s'engager. Le prince Louis Bonaparte régnait déjà, bien qu'il portât encore le titre de Président de la République; il avait, de sa propre autorité, rendu les décrets du 22 janvier, qui dépossédaient les enfants et petits-enfants de Louis–Philippe d'une partie de leur patrimoine. Les victimes s'étaient adressées à la justice du pays, elles attendaient sa décision avec confiance. Laisser la justice prononcer, c'était incliner devant elle la majesté dictatoriale et s'exposer à voir casser et annuler par elle, au nom de la loi, des décrets qu'on avait rendus sans la consulter. Voilà pourquoi, avant de la dessaisir par un acte d'administration et de gouvernement, comme on le verra plus tard, on chercha à obtenir d'elle qu'elle se déclarât volontairement incompétente. Le déclinatoire présenté au nom du préfet de la Seine, M. Berger, n'eut pas d'autre but.

Ce fut M⁰ Paillet qui combattit le premier ce déclinatoire; il pria le Tribunal de retenir la cause et de décider qu'il serait plaidé au fond. Il avait ensuite, après quelques données sur l'origine de la fortune de Louis-Philippe, montré ce prince disposant, au profit de ses enfants, deux jours avant son avénement au trône, non pas d'une propriété quelconque qui, de près ou de loin, se fût jamais rattachée à l'apanage d'Orléans, mais de ses propriétés patrimoniales, de celles qui lui appartenaient indépendamment de sa qualité de prince français. Après avoir fait l'histoire de la constitution de la liste civile, constitution qui n'avait donné lieu à aucune revendication contre le roi des Français, que la Révolution de 1848 avait trouvé jouissant librement et légalement de l'usufruit qu'il s'était réservé, il avait établi que si le gouvernement provisoire avait fait rentrer dans le domaine de l'Etat tous les biens dépendants de la dotation de la liste civile, il avait respecté les biens propres et patrimoniaux de la maison d'Orléans. Plus tard, la question fut portée devant une Assemblée dont les membres n'étaient pas suspects de bienveillance envers le trône qui avait été renversé le 24 février. Cette Assemblée chargea son comité des finances de l'examiner, et ce comité remit à M. Berryer, c'est-à-dire à l'adversaire le plus déclaré du gouvernement de Louis-Philippe, le soin de faire connaître sa pensée et ses résolutions. M. Berryer faisait passer les droits de la vérité et de la justice bien avant ses intérêts et ses préoccupations d'homme de parti. Son rapport en témoigna. Après l'avoir entendu, l'Assemblée constituante rejeta, à l'unanimité, la proposition qui lui avait été faite de déclarer acquis au domaine de l'Etat les biens composant le domaine privé de l'ex-roi Louis-Philippe, par application de l'ancien principe de dévolution, et nonobstant la donation du 7 août 1830, dont la légalité fut ainsi reconnue une fois de plus. Dans cette assemblée républicaine de neuf cents membres, dont le prince Louis Napoléon Bonaparte et plusieurs de ses cousins faisaient partie, il ne s'en trouva pas un seul pour soutenir cette proposition, que son auteur lui-même abandonna lorsqu'il se vit en présence de l'immense réprobation qu'elle avait soulevée.

Après avoir discuté les considérants du décret qui prononçait le retour à l'Etat, M⁰ Paillet aborda la question de compétence et prit corps à corps M. le préfet de la Seine et les doctrines soutenues en son nom.

Voyons, monsieur le préfet, s'écria-t-il, le Tribunal, dites-vous, n'est pas compétent. Pourquoi cela, s'il vous plait ? Est-ce à raison de la nature de l'action ? Mais c'est une question de propriété, d'appréciation de titres, de validité ou de nullité de donation ; c'est une question de possession, de prescription ; c'est une question d'hérédité.

Messieurs, il faut quitter vos siéges ; car vous n'avez plus d'attributions, si ceci n'est pas, d'une manière absolue, exclusive, essentielle, dans vos attributions seules. Est-ce que j'ai besoin de venir apporter sur cette barre des textes justificatifs de cette proposition que, s'agissant de propriété privée, de donation, de prescription, vous êtes nos juges et nos seuls juges ; qu'il n'y a personne au monde, si haut qu'il soit placé, qui ait le droit, je ne dis pas de s'approprier, mais de partager ces fonctions avec vous ? Est-ce que, par hasard, parce que nous aurions l'Etat pour contradicteur, pour adversaire ?..... Non, le niveau de l'égalité a passé sur toutes les têtes, même sur celle de l'Etat. L'Etat, quand il s'agit de questions de propriété, qu'il soit demandeur, défendeur, intervenant, il faut tout simplement qu'il vienne ici expliquer sa prétention ; et puis, vous le jugez comme tout autre plaideur. Vous ne lui demandez pas, comme jadis au roi, d'avoir *deux fois raison* pour gagner son procès. Mais du moins, faut-il qu'il n'ait pas tort. Autrement il perd son procès comme le plaideur le plus vulgaire. Cela est vrai, juste, élémentaire, sous tous les régimes, régime monarchique, régime républicain et régime innommé. (*Sensation.*)

Aussi, retrouvez-vous, dans nos Codes, des applications fréquentes de ce principe d'égalité devant la loi et les tribunaux à l'Etat propriétaire ou plaideur. Voyez, par exemple, dans le Code Napoléon, l'article 2227 ; dans le Code de procédure, les articles 69, 398, etc.

Veut-on d'autres autorités ? Prenons de préférence celles que nous fournit l'époque impériale.

Ici l'avocat lut plusieurs décrets impériaux, des 8 juillet et 14 novembre 1807, 11 janvier et 1ᵉʳ avril 1808, 29 mai et 30 juin 1813, qui décident, dans les termes les plus absolus, que toutes les questions de propriété, de validité de titres, de prescription, sont de la compétence exclusive des tribunaux, que l'Etat y soit ou non intéressé.

C'étaient là des vérités que Napoléon savait faire respecter; car il comprenait bien que les pouvoirs ne s'enrichissent pas, qu'ils s'appauvrissent plutôt en empiétant les uns sur les autres, et que la justice surtout, à peine de perdre tout son prestige, doit se mouvoir dans une sphère indépendante, inaccessible à toutes les usurpations.

La monarchie s'est d'ailleurs montrée fidèle à ces traditions salutaires.

Nouvelles citations d'ordonnances royales dans le même sens, 23 février 1828, etc., etc.

Ainsi, M. le préfet de la Seine voudra bien me concéder ce premier point, que si le Tribunal n'est pas compétent pour connaître de notre action, ce n'est pas assurément que notre action ne rentre, *par sa nature*, dans les attributions de l'autoriié judiciaire. Car les principes du droit public, le Code Napoléon, les décrets impériaux, les ordonnances royales de toute époque, la jurisprudence sous toutes les formes, proclament, en cette matière, votre compétence absolue, exclusive, sans partage. Vous avez un monopole, entendez-vous bien, ou il faut rayer ces lois, ces décrets, ces ordonnances. Propriété, possession, hérédité, prescription, nullité de titres, tout cela veut dire compétence judiciaire : elle est là, elle n'est pas ailleurs.

Voyons maintenant par quels phénomènes vous pourriez être dépossédés, dans le cas particulier d'une juridiction qui vous appartient par la nature même des choses, à vous, et à vous seuls !

Si l'on en croit le déclinatoire, ce serait en vertu du second décret du 22 janvier 1852. Pourquoi cela? C'est que ce décret serait attributif ou déclaratif du droit de propriété, en faveur de l'Etat, sur les biens qui ont fait partie de la donation du 7 août 1830; c'est que le décret ayant statué, dit-on, sur ce droit de propriété, l'ayant reconnu en faveur de l'Etat, vous êtes nécessairement incompétents. Si telle était la portée du décret, faudrait-il, en effet, en induire votre incompétence? Pas le moins du monde.

A la vérité, l'organe du ministère public, dans les conclusions qu'il a lues au début de cette audience, qualifie de *loi* le décret du 22 janvier 1852. Eh bien! supposons-lui pour un instant ce caractère : qu'est-ce que cela fait à la question de compétence?

Une loi, dites-vous? Si cela est, tant mieux pour l'Etat; il l'invoque sur le fond. Mais en conclure l'incompétence du Tribunal, cela n'est pas logique.

C'est comme si l'on disait à un demandeur : Il y a dans le Code Napoléon tel article qui condamne votre prétention; donc, le Tribunal n'en peut connaître.

Et moi je dis : Donc, le Tribunal la repoussera ; car, encore une fois, c'est le fond.

Mais, pour savoir si la loi existe, si elle est applicable, du moins faut-il que le juge compétent puisse vérifier et apprécier.

Et tenez, supposons-nous en présence sur le fond, voici ce qui se passera ; je dirai :

Notre père, propriétaire, nous a fait une donation parfaitement régulière, remontant à 1830 ; cette donation a été suivie de possession, avec titre et bonne foi, nous avons la prescription, nous nous sommes mariés, des familles étrangères ont contracté avec nous sur la foi de ce titre ; nous avons emprunté, nous avons aliéné, nous avons fait tout ce que peut comporter le *jus utendi et abutendi* dans sa plus large acception ; voilà pourquoi nous sommes propriétaires, et comment nous justifions notre revendication.

Que répondra l'Etat ? — Non, vous n'êtes plus propriétaires. — Vous avez pu le croire jusqu'au 22 janvier 1852 exclusivement. Mais ce qui était vrai la veille au soir avait cessé de l'être le lendemain matin ; car voici une loi en vertu de laquelle vous devez perdre votre procès.

Maintenant, que fera le Tribunal, toujours dans la même hypothèse ? Il dira : Considérant que, bien qu'il résulte, etc...; néanmoins, il existe un décret ayant force de loi, auquel le juge doit se conformer, déclare les demandeurs mal fondés dans leur demande, et les condamne aux dépens.

Vous concevez, Messieurs, que ce n'est pas un jugement que je propose ni que je redoute dans l'avenir, c'est tout simplement une hypothèse destinée à mieux vous faire comprendre tout ce qu'il y a de bizarre, de sauvage, d'incroyable, dans le déclinatoire qu'on vous propose au début du procès.

Car, je le répète, avec un respect égal à ma conviction : Si vous n'êtes pas juges ici, vous ne le serez jamais. — Vous seriez juges de nom, et rien de plus.

Concluons une dernière fois que le décret serait tout au plus une raison de décider sur le fond, ce que je conteste d'ailleurs de toutes mes forces ; — mais non un moyen d'incompétence.

En un mot, le décret correspondrait au mal fondé de la demande, et non à l'incompétence du Tribunal ; à moins qu'on ne me montre dans le décret une disposition qui interdise aux Tribunaux toute connaissance d'un litige qui puisse s'y rattacher directement ou indirectement. On nous en avait menacés ; mais enfin on n'a pas été jusque-là, et le décret est resté dans son état primitif, sans bouleverser du moins l'ordre légal des juridictions.

Maintenant, allons plus loin. Quel est ce décret, et quel est le caractère qui lui appartient ? M. le préfet de la Seine, dans le déclinatoire, a dit que le décret était un acte de *haute administration* ce qui voulait dire apparemment, dans la pensée du préfet que c'était une mesure politique. Le ministère public appelle le décret du 22 janvier *une loi*. Non! ce n'est pas possible; car s'est-on bien rendu compte de ce que serait une mesure politique ou une loi de cette nature?

Je vais vous le dire d'un mot : cela s'appellerait tout simplement CONFISCATION!

Eh quoi! je suis propriétaire, je le suis en vertu d'une donation régulière; je le suis comme héritier de mon père et de ma tante; mon titre, ma qualité, mon droit, ont été reconnus et consacrés par deux législatures, monarchique et républicaine.

Puis, tout à coup, il intervient un acte que vous appellerez comme vous voudrez, qui me dépouille de ma propriété pour la transporter à un tiers, à l'Etat;... *confiscation!* confiscation, vous dis-je, dans votre système; et j'ajoute : confiscation d'une nouvelle espèce, *sui generis*, sans exemple dans les plus mauvais jours de la France et des autres pays, une confiscation avec effet rétroactif! Jusqu'ici, du moins, la confiscation *normale*, si on peut l'appeler ainsi, se bornait à prendre la propriété dans l'état où elle la trouvait, le jour même, sans effet rétroactif. Ici, elle remonterait à vingt années en arrière, à travers les contrats, les lois, les possessions, saccageant tout sur son passage, reconstituant pour son profit l'état de choses qui existait au 7 août 1830!

Non, non, cela ne saurait être. De telles mesures seraient trop contraires à la pensée personnelle du chef de l'Etat, à nos mœurs, à notre civilisation, à notre droit public, surtout quand on songe qu'elles tomberaient sur cette famille si noble, si calme, si résignée, à laquelle ne manque plus même, aujourd'hui, la majesté du malheur.

Après avoir ainsi démontré que le décret ne pouvait être considéré comme une loi, à moins qu'on ne lui reconnût en même temps le caractère d'une *confiscation*, Mᵉ Paillet rechercha si l'on pouvait y voir un jugement. Mais un jugement, c'eût été la violation la plus flagrante, la plus inouie de notre droit public sur la séparation des pouvoirs. Un jugement! Mais il n'y avait pas eu contradiction! Mais les parties n'avaient été ni appelées, ni entendues! Mais il n'y avait pas de recours possible! Pour que l'on admît qu'il y avait eu jugement, il fallait admettre du même coup que le signataire du décret avait pu se constituer tout à la fois juge et partie, comme chef de l'Etat à qui il aurait attribué la propriété supposée litigieuse.

Le décret du 22 janvier n'était donc pas plus un jugement qu'une loi politique. Il ne fallait y voir qu'un *acte adminis-tratif,* à côté duquel le Tribunal, saisi d'une difficulté de sa compétence, pouvait passer pour marcher à son but comme s'il n'existait pas. Sur ce terrain encore, Mᵉ Paillet combattit le décli-natoire par des arguments saisissants, et il fit ressortir de ces arguments que la compétence du Tribunal était manifeste, abso-lue, exclusive. Elle n'était en aucune façon paralysée par le décret du 22 janvier, qui, soit dans la pensée, soit dans les termes, n'était ni une loi politique, ni un jugement, moins encore s'il est possible ; mais un simple acte administratif *revendiquant* la propriété au nom de l'Etat, supposant son droit, le déclarant même si l'on veut, se suffisant à lui-même s'il ne survenait pas de prétention contraire, mais s'arrêtant dans sa marche le jour où se produisait devant les Tribunaux compétents la réclamation des propriétaires, appuyée tout à la fois sur tous les titres qui fondent parmi nous le droit sacré de propriété : les contrats, la prescription, l'hérédité.

Mᵉ Paillet termina ainsi sa plaidoirie :

Abaissez donc devant nous, Messieurs, abaissez cette barrière impuissante du déclinatoire. Que l'Etat sorte de cette indifférence apparente ; qu'il prenne franchement le seul rôle qui lui convienne devant vous, le rôle de partie au procès ; qu'il constitue avoué ; qu'il appelle à son secours un défenseur, s'il en trouve ; qu'il ait le courage enfin de venir à cette barre discuter contradictoirement cette thèse de la dévolution, base unique de l'erreur du 22 janvier. Et alors, dans cette lice régulière et loyale, sans vouloir plaider ici le fond par anticipation, nous prenons dès à présent l'engage-ment solennel de démontrer, même pour les incrédules s'il en est encore, que cette prétendue thèse de la dévolution n'est autre chose qu'une fable et un fantôme qui s'évanouit à la première clarté de l'histoire et du droit public.

Que dis-je ! voici bien autre chose. Un de nos jeunes avocats qui n'était pas dans la cause, mais qui s'est inspiré, dans cette occasion, de son amour de la vérité et du droit, Mᵉ Leberquier (grâces lui en soient publiquement rendues !) s'est livré à des recherches qui ont produit les résultats les plus merveilleux et les plus édifiants. Il a puisé dans les archives officielles, que nous n'avions pas en-core explorées ; et il a trouvé pour notre cause un nouvel et puis-sant auxiliaire, un jurisconsulte profond, qui n'a jamais figuré sur notre tableau, mais qui figurera longtemps dans les fastes du monde ; c'est tout simplement MAITRE NAPOLÉON ! (*On sourit dans l'auditoire.*)

Oui, Messieurs, lorsqu'en 1804 il s'agissait de constituer la dynastie impériale et ses conditions d'existence, la question de *dévolution* et de *Domaine privé* fut mise sur le tapis ; et l'Empereur la trancha, de l'avis et avec le concours de toutes les fortes têtes de l'époque, dans le sens où elle fut tranchée en 1830 et 1832, et par les mêmes motifs.

Non, certes, que l'Empereur fût avare, qui jamais songea à l'en accuser ? mais parce qu'il était logique dans ses paroles et dans ses actes. Il comprenait qu'étant fils de ses œuvres, et certes, il avait le droit d'en être fier ! arrivant au trône à titre tout nouveau, sans lien avec le passé, il eût été injuste et absurde de le soumettre à un principe qui n'avait eu sa raison d'être que dans les conditions essentielles de l'ancienne monarchie, et alors que l'Etat et le Prince appelé à la couronne par son droit préexistant ne faisaient qu'une seule et même personne, un seul et même propriétaire.

Nous démontrerons donc sur le fond que ce qui était vrai, en 1804, pour la dynastie impériale, ne l'était pas moins, en 1830, pour la royauté toute contractuelle de Juillet ; et que cela était vrai aux deux époques, parce que cette vérité découle de la nature même des choses et de la différence fondamentale entre les anciennes et les nouvelles institutions.

D'où la conséquence qu'il n'y a eu erreur, à cet égard, ni dans la loi du 2 mars 1832, ni, à plus forte raison, dans les décrets de 1848 et de 1850, qui, apparemment, ne seront pas soupçonnés d'avoir été inspirés « *par les entraînements d'une politique de circonstance* » surtout quand on se rappelle que le second est intervenu sur l'initiative du Gouvernement et comme expression hautement annoncée des intentions personnelles de M. le Président de la République.

Nous dirons enfin, avec le droit commun *et le cri de la conscience publique*, que si, contre toute évidence, le principe de la dévolution avait dû s'appliquer en 1830, la nation n'aurait pu honnêtement, lorsqu'elle reprenait le trône en 1848, conserver un patrimoine qui ne serait devenu et ne serait demeuré le sien qu'à la condition d'observer le traité qui avait assuré le trône à la dynastie d'Orléans.

C'est encore là du droit, de la raison, de la probité la plus vulgaire ; ce serait, s'il en était besoin, la base d'une action infaillible en restitution, et le peuple, dans son bon sens et sa loyauté, ne manquerait pas de dire : *Mais rendez donc l'argent !* (*On rit*).

Mais croyez-le bien, Messieurs, et j'ai besoin de le dire bien haut, si nous appelons ces débats avec impatience, ce n'est pas seulement pour en faire sortir la justification d'un droit de propriété qui n'est douteux pour personne, c'est surtout parce qu'il tarde à cette famille d'accomplir, du fond de son exil, un devoir sacré de piété filiale, et de repousser, dans un débat public, cette accusation de fraude qu'on n'a pas craint de déposer sur la tombe du royal vieillard.

Quelques mots encore, Messieurs. J'ai bien étudié le déclinatoire avant de le combattre. En fait, en droit, la tâche était facile ; mais je me suis demandé, en outre, quel grand intérêt avait pu l'inspirer dans ces hautes régions de l'administration d'où, sans doute, il est parti ; et cette question, je l'avoue en toute humilité, est restée pour moi jusqu'a présent sans réponse.

Je vois bien à quelle interprétation fâcheuse et malveillante il pourrait donner lieu pour les ennemis du Gouvernement, si l'on y persistait. On ne manquerait pas de dire qu'il a pour objet, non de sauvegarder les règles d'attributions entre les différents pouvoirs, non de revendiquer, pour la question, d'autres juges, car elle n'en a pas d'autres que vous et ne saurait en avoir ; mais d'étouffer le débat une fois pour toutes, d'empêcher que la lumière ne se fasse ; d'échapper à la discussion contradictoire et sérieuse de cette thèse de la dévolution, seule base du décret, encore une fois ; d'interdire à des enfants la défense de la mémoire de leur père ; à des propriétaires celle de leur patrimoine ; de les laisser sous l'accusation de fraude, alors qu'on les dépouille de ce qui leur appartient ; et sous le titre et la couleur d'une revendication sans jugement, de consommer une spoliation honteuse, puisqu'elle n'oserait s'avouer elle-même. Certes, ce serait là calomnier le Gouvernement ; mais, qu'il y réfléchisse bien, je l'en supplie ; qu'il craigne de laisser à ses ennemis les facilités et les avantages d'un pareil commentaire.

Ah! qu'il en croie plutôt ses amis sincères, qui lui disent de toutes parts : Vous avez cru au système de dévolution en 1830, vous avez cru aux droits de propriété de l'Etat ; eh bien, soit ! Tuteur de l'Etat, vous deviez revendiquer ce qui vous semblait lui appartenir ; mais si vous vous êtes trompé, votre intérêt, à vous-même, n'est-il pas d'admettre la contradiction devant le seul juge compétent sur les questions de propriété, et de laisser à la justice son libre cours ?

J'ajoute que l'Etat y a, de son côté, un double intérêt :

Intérêt moral, avant tout, car il ne faut pas qu'on puisse lui reprocher de s'enrichir des dépouilles de cette royale famille, à laquelle il a dû dix-huit années de paix et de prospérité !

Intérêt matériel, car si les biens lui appartiennent, s'ils doivent être vendus selon le décret, il lui importe qu'ils ne le soient pas à vil prix, qu'ils ne deviennent pas la proie de quelque bande noire, de quelques spéculateurs espérant payer la chose avec une année de son revenu ; ce qui arriverait, n'en doutez pas, si ces biens étaient suivis, dans la main des acquéreurs, par la menace incessante, d'une revendication pour le jour où la question retrouverait ses juges naturels et nécessaires.

Voyez, enfin, comme tous les intérêts nobles et légitimes protestent hautement contre le déclinatoire.

Le décret non-seulement ordonne la vente, mais il en distribue le prix et en destine une large part à la Légion-d'Honneur, à l'armée, au clergé pauvre.

Bonnes et louables pensées en elles-mêmes, pourvu que l'on puise à des sources irréprochables les moyens d'exécution.

Mais qui a pu croire que l'armée, que le clergé acceptent jamais une parcelle de cet or avant qu'il ait été épuré au creuset de la justice ?

Messieurs, un dernier intérêt proteste encore contre le déclinatoire. C'est notre intérêt à tous, celui de nos familles, de nos patrimoines, de notre sécurité ; il faut que l'on sache que si des droits légitimes peuvent être un instant méconnus, cela est sans danger, même sur un sol ébranlé par tant de révolutions ; car en France, la justice, du moins, est toujours debout, et toujours ces droits y trouveront des juges pour les faire respecter, comme des avocats au barreau pour les défendre.

Cette plaidoirie produisit un grand effet, et, dès ce moment, la cause parut gagnée. Le ministère public essaya pourtant de justifier le déclinatoire et de soutenir que le Tribunal devait se déclarer incompétent. Sait-on comment il s'y prit ? Il reconnut que l'Assemble constituante de 1848, l'Assemblée législative de 1849, qui toutes deux avaient été saisies de la question, auraient fort bien pu la décider comme le législateur de 1852 ; il prétendit que si elles l'avaient tranchée de la même façon, personne n'eût eu qualité, en présence d'une loi émanée de la puissance législative, telle qu'elle était organisée à cette époque, pour porter l'affaire devant les Tribunaux ordinaires et pour leur dire : Jugez ! D'où il conclut que ce que le législateur de 1848 et celui de 1849 n'avaient pas voulu faire, ce qu'ils avaient, selon lui, le pouvoir de faire, le législateur de 1852 pouvait l'accomplir dans la plénitude et dans la légitimité de sa toute puissance. Lé plébiscite du 20 décembre lui en donnait le droit. En le chargeant de faire à lui tout seul la constitution du pays, ne l'avait-il pas en même temps investi du droit de faire toutes les lois d'administration spéciale qui étaient autrefois du ressort de l'Assemblée législative ?

Une telle doctrine eût pu mener bien loin, et si elle était acceptée sans contestation, elle aurait dans l'avenir les conséquences les plus graves pour une organisation sociale que les pouvoirs publics défendent avec autant de raison que de sollicitude contre ceux qui l'attaquent. Si l'on admettait, par exemple, que, par ce seul fait que le plébiscite du 20 décembre absolvait le Prince-Président, et que, de plus, il lui avait attribué un pouvoir de légiférer entièrement illimité, celui-ci pouvait tout se permettre, à quelles conséquences ne s'exposerait-on pas ?

Le ministère public avait soutenu, contre les princes d'Orléans, qu'il fallait respecter le décret du 22 janvier, parce que ce décret était une émanation de la puissance législative. La puissance législative ! On vient de voir ce qu'elle peut être à la suite de certains événements qui ne sont pas sans précédents dans notre pays.

M. Berryer répliqua au ministère public, dont le réquisitoire avait d'ailleurs été noblement et énergiquement réfuté d'avance.

C'est une protestation que j'élève (s'écria l'éloquent orateur, avec cette voix émue et vibrante qui donnait autant d'éclat que de retentissement à sa parole), au nom de la robe que je porte, au nom du barreau auquel j'appartiens depuis quarante ans, au nom de la magistrature gardienne de ces lois que j'ai défendues envers et contre tous pendant ma vie entière. Je proteste au nom des institutions et des droits les plus fondamentaux de mon pays, au nom de ces vieux murs où, pendant des siècles, on a rendu la justice et consacré les principes protecteurs de la société, principes qui seraient tous renversés et annulés si la doctrine que vous avez entendu soutenir pouvait triompher. Je proteste au nom de tous les propriétaires, de tous les pères de famille, de tous les citoyens qui n'auraient plus d'existence assurée en France si la doctrine du ministère public était écoutée un moment (*Mouvement très-marqué dans l'auditoire.*)

Qu'est-ce à dire ? Est-ce donc qu'en effet nous aurions chez nous un droit, un principe de droit ? — Je flétris le mot ! — Est-ce que nous aurions chez nous une autorité, un pouvoir quelconque qui serait placé au-dessus de toutes les lois ? ou bien serait-ce donc qu'après quatorze siècles d'existence ce vieux pays de France n'aurait pas de principes ? Est-ce que ces institutions, que nous croyions si profondément fixées et limitées, par un travail laborieux et cruel de soixante ans de révolution, ne seraient pas définies ? Est-ce que nous ne saurions pas ce qu'elles sont, ce qu'est le pouvoir juiciaire en présence des autres pouvoirs? Quoi! cela serait ignoré, douteux incertain! Nous en serions à consulter la portée et le sens des articles 10, 13, 14, de la loi du 24 août 1790!

Comment donc avons-nous vécu et avons-nous vieilli? Comment avons-nous compris les institutions et les lois sous lesquelles nous vivons? Comment sommes-nous arrivés à notre âge, dans cette incertitude et cette perplexité?

Quoi! il y a là quelque chose d'incertain; quoi! l'autorité de la justice, on l'ignore dans le pays des plus grands justiciers du monde, dans le pays qui a prévalu précisément par cette magnificence avec laquelle la justice y a été départie aux citoyens, dans ce pays dont les plus vieux rois, celui notamment qui là-bas priait vis-à-vis de moi (l'auteur désigne du geste la Sainte-Chapelle) faisait du titre de *grand justicier*, son plus noble titre! Quoi! cette France ne saurait pas ce que c'est que le pouvoir judiciaire! elle n'en connaîtrait pas l'étendue, les limites, et des avocats vieillis sous le harnais viendraient émettre des doctrines qui ébranleraient les pouvoirs publics, parce qu'ils revendiqueraient l'action des lois et l'autorité qui vous appartient.

Non, Messieurs, toujours et dès le premier jour, l'autorité judiciaire a été maintenue, maintenue dans son essence, dans la nature de ses pouvoirs, dans l'étendue de ses pouvoirs.

Quelle que soit la modification des opinions, quel que soit le mouvement des révolutions, l'essence, la nature, la portée, le caractère, l'objet, l'étendue, l'indépendance, l'omnipotence du pouvoir judiciaire, tout cela est consacré par notre vie politique tout entière. C'est notre nationalité. (*Mouvement.*)

M. Berryer développa ensuite cette thèse qu'à toutes les époques, sur les actes de toute nature, dans des questions de toute espèce, la compétence des tribunaux en matière de propriété, et principalement dans tout ce qui avait le caractère de question domaniale, avait été profondément respectée. A l'appui de cette opinion, il cita plusieurs faits empruntés à différentes époques, puis il s'appela lui-même en témoignage.

J'ai déjà défendu, dit-il, en 1834, les mêmes principes que je défends aujourd'hui. Je les ai défendus contre l'administration et le gouvernement qui subsistaient alors. Je n'aurai pas la lâcheté d'avoir à une autre époque, dans d'autres circonstances et sous d'autres gouvernements, un autre langage, ni quelque hésitation a défendre les mêmes principes et les mêmes vérités.

La loi de 1832 avait déclaré que les princes de la branche ainée de la maison de Bourbon étaient expulsés de France...... (je ne me rappelle pas le mot; mais peu importe) qu'ils ne pouvaient plus rien posséder en France.

Dans cet état de dépossession par la loi, le Domaine est venu faire appréhension de la terre et du château de Chambord. Il a demandé au juge de paix d'apposer les scellés sur tous les papiers, et il a voulu faire acte de possession. Un référé a été introduit. La question de compétence a été portée immédiatement devant le tribunal de Blois.

Quelle est la question qui a été posée? Etait-ce de dire que la loi de 1832 n'était pas une loi, qu'elle n'avait pas ravi au duc de Bordeaux le droit de posséder en France, après l'expiration du délai fixé pour la vente, les biens des princes de la branche aînée? Non. On a dit : « Il n'y a pas d'apanage, il n'y a pas de droit de retour à l'État. Le Domaine s'en empare indûment. » Les tribunaux ont eu à juger une question de propriété. Y a-t-il, ou n'y a-t-il pas dévolution? C'est la question que nous élevons aujourd'hui. Y avait-il apanage, ou n'y avait-il pas apanage dans la constitution de la propriété de Chambord? C'était la question qui s'agitait en 1834.

La compétence a été reconnue par les juges de Blois. L'appel sur la question de compétence n'a pas même été interjeté. Aucun conflit n'a été élevé par l'autorité administrative. Elle a reconnu que la négation du fait d'apanage, comme aujourd'hui la négation du fait de dévolution, soulevait une question de propriété, et les tribunaux ont dit : C'est à nous seuls qu'elle appartient. A côté des lois, pour l'application des lois, il n'y a que nous ; nous ne les faisons pas exécuter, nous magistrats, mais nous veillons à leur application, nous veillons à ce que cette application ne soit ni trop restreinte ni trop étendue.

On était venu dire que le Domaine public devait être investi de la terre de Chambord, parce que c'était un apanage. On a élevé la négation de la dévolution. Les tribunaux se sont déclarés saisis. On a plaidé sur la question du fond en première instance, en appel; on est allé devant la Cour de cassation. Le droit a été reconnu, c'est-à-dire qu'il a été jugé qu'il n'y avait pas d'apanage ; et, en conséquence, Monseigneur le duc de Bordeaux a été maintenu dans la propriété du domaine de Chambord.

Voilà les principes tels qu'ils ont été reconnus dans tous les temps, tels qu'ils ont été appliqués invariablement et d'une manière absolue, et je le répète, d'une manière encore plus absolue, toutes les fois qu'il s'agissait de droit domanial. Jamais l'autorité administrative n'a pu porter atteinte au droit qui appartient aux tribunaux et qui a toujours été revendiqué par eux. C'est là ce qu'il y a de plus fondamental dans notre pays.

Après avoir présenté d'autres considérations sur la question de compétence, M. Berryer aborda la question de la rétroactivité qu'il fallait donner à l'acte législatif du 22 janvier pour qu'il produisît son plein et entier effet. Pouvait-on, en 1852, par un acte législatif, déclarer qu'un acte privé, un acte particulier qui avait été passé le 7 août 1830, devait être considéré comme nul et non avenu. L'illustre avocat n'eut pas de peine à établir que cela était inadmissible, que toutes les situations, tous les intérêts seraient ébranlés le jour où une semblable doctrine prévaudrait. Il fit ensuite un parallèle entre les deux décrets. Il concéda que le premier avait le caractère d'un acte législatif tout politique, que les tribunaux n'avaient pas à apprécier, auquel il fallait se conformer, bien qu'il eût été préférable qu'un pareil acte eût été accompli sous la garantie de ces formes constitutionnelles qui en augmentent l'autorité. Quant au second décret, il lui fut impossible d'y voir autre chose qu'une confiscation. Mais en présence d'un pareil acte, est-ce que la discussion ne devait pas être permise ? est-ce que le recours aux tribunaux, à leur impartiale protection, devait être contesté ?

Lorsqu'il eut éclairé ces diverses questions de toutes les lumières et de toutes les vérités que sa conscience lui inspirait, M. Berryer termina ainsi :

Je m'arrête. Je ne comprends pas la possibilité d'arriver au résultat auquel on veut tendre ; je ne la comprends pas, parce que cela répugne à nos lois, et plus encore parce que cela répugne à nos mœurs, à notre caractère, à notre amour de la vérité. Qu'y aurait-il si le système soutenu triomphait ? Qu'y aurait-il dans l'acte dont il s'agit ? Il y aurait un mensonge à la face du pays. On se serait donné l'air de procéder légalement ; on aurait déclaré qu'on ne veut pas de lois rétroactives ; on aurait dit bien haut qu'on ne veut pas porter d'atteinte à la propriété ; on aurait paru respecter la loi consacrée par la royauté, et qui abolit la confiscation en France ; on l'aurait respectée dans les mots ; et par la forme, par un échappatoire, par une fin de non-recevoir indéfinissable, qui n'est pas un déclinatoire, car on ne propose pas une autre juridiction ; par une véritable fin de non-recevoir au fond, présentée comme raison d'incompétence, on arriverait en fait par l'hypocrisie, par le mensonge, en trompant la nation, en affichant devant elle le respect de ses droits, en lui disant qu'on ne veut rien faire contre eux, on aurait fait ce qu'elle déteste, ce qu'elle méprise le plus : on aurait fait une véritable confiscation.

Une confiscation ! C'est à ce mot, que j'ai entendu retentir dans le Comite des finances de l'Assemblée constituante, en 1848, que moi, adversaire politique du gouvernement qui venait de tomber, je me suis levé, et j'ai dit : Vous n'aurez pas de prétexte, vous ne trouverez pas de passions, de haines, de rancunes qui vous protègent dans les moyens de violence et de spoliation que vous voulez employer ; ce n'est pas ceux que vous voulez frapper que je défends ici, c'est moi, c'est la société ; car lorsque vous aurez fait le premier pas, lorsque vous vous serez mis au-dessus du droit, lorsque vous aurez rétabli la confiscation, soit d'une manière hypocrite, soit d'une manière sincère, comme le voulait le représentant qui demandait la dépossession ; quand vous l'aurez pratiquée à l'égard des princes, en abusant de tout ce que les passions politiques peuvent susciter de rancunes, vous irez bientôt contre leurs serviteurs, contre ceux qui vous seront importuns, et dès lors il n'y aura plus personne, il n'y aura plus de famille dont la propriété soit en sécurité.

C'est là, Messieurs, ce qui fait que j'aurais cru manquer à l'honneur si je n'avais pas répondu à l'appel qui m'a été fait. Je regarde d'être intervenu dans cette affaire et d'avoir signé la consultation comme le plus beau couronnement, et, je le dirai avec orgueil, comme la récompense de ma vie entière. (*Sensation.*) J'ai été quarante ans élevé à l'école des magistrats ; j'ai défendu les lois de mon pays sans acception de personnes, sans haine pour les hommes, avec les ressources de mon intelligence et avec l'énergie de mon âme, avec l'impartialité, avec l'amour de la vérité et de la justice ; j'ai toujours défendu le droit, je le défendrai toujours, je le défendrai encore envers et contre tous, et le droit, ici, est incontestable.

Nous sommes liés, Messieurs ; c'est une cause commune. Vous vous déclarerez compétents, comme tout le Barreau vous dit, comme toutes les lois vous disent que vous êtes compétents, comme toute la société vous le dit ; car la société ne veut pas que vous laissiez passer un acte du gouvernement, un acte politique, un acte qualifié de la manière qu'on voudra, qui porte atteinte à la propriété privée. La société vous le demande, votre vie entière vous le demande.

Vous avez, comme nous, traversé bien des révolutions. Vous pouvez subir toutes les conditions que les pouvoirs divers vous imposent pour demeurer dans le sacerdoce judiciaire ; mais vous y demeurez avec le sentiment de votre dignité. Les pouvoirs passent, ils imposent leurs conditions passagères ; on vous respecte à travers tous ces gouvernements qui se succèdent, sous lesquels vous restez sur vos siéges, rendant la justice et la rendant avec dignité. Mais si vous sortiez de ce rôle élevé, si vous l'abandonniez un moment, ce sentiment de respect pour votre vie, ce sentiment supérieur à toutes les mutations et à toutes les transfigurations politiques, ferait place à un sentiment tout à fait contraire. Vous en êtes incapables, Messieurs, et vous vous maintiendrez compétents.

L'opinion du Tribunal était sans doute faite avant la fin des plaidoiries qui venaient d'être prononcées devant lui. Indépendamment des pièces de la procédure qui auraient suffi pour trancher la question, tant elles étaient décisives dans le simple exposé des faits, le sentiment public avait pénétré jusqu'à lui, et, bien que le magistrat doive se tenir en garde contre les influences qui lui viennent du dehors, il est des circonstances où la pression extérieure est tellement forte qu'il faut lui obéir. MM^{es} Paillet et Berryer avaient d'ailleurs produit sur l'auditoire une émotion inexprimable ; tout concourait donc à assurer une décision favorable à leurs clients.

Le Tribunal rendit le jugement suivant :

« Attendu que les membres de la famille d'Orléans procèdent comme propriétaires des domaines de Nenilly et de Monceaux, soit en vertu de la donation du 7 août 1830, soit en qualité d'héritiers de leur père et pour partie de la princesse Adélaïde leur tante, soit en vertu d'une jouissance prolongée pendant vingt ans, et pouvant fonder la prescription ;

» Attendu que leur action a pour objet la propriété de ces deux domaines ;

» Attendu que les tribunaux ordinaires sont exclusivement compétents pour statuer sur les questions de propriété, de validité de contrat, de prescription ;

» Que ce principe a toujours été appliqué aussi bien à l'égard de l'Etat qu'à l'égard des particuliers ;

» Qu'ainsi au Tribunal seul il appartient d'apprécier les titres des parties et d'appliquer la loi aux faits qui donnent lieu au procès ;

» Se déclare compétent ; retient la cause, et, pour être statué au fond, continue à quinzaine, et condamne le préfet de la Seine aux dépens de l'incident. »

Ce jugement produisit dans toute la France une sensation considérable. La justice se dressait de toute la hauteur à laquelle des principes éternellement vrais permettent de s'élever, devant un pouvoir qui s'était avancé si loin. Le droit regardait en face l'arbitraire. Lorsque tant de gens paraisssaient disposés à se courber devant la force, les magistrats, la loi à la main, se tenaient, eux, fermes et debout ; il semblait qu'ils voulussent prendre leur revanche de la violence faite à la Haute-Cour le 3 décembre, lorsqu'elle avait tenté de se constituer pour mettre en accusation le Président de la République.

Il n'y avait sans doute encore là qu'une décision pré-judicielle ; mais n'apparaissait-il pas déjà d'une façon trop manifeste que la question du fond était tranchée dans la cons-cience des juges et qu'elle l'était contrairement à la pensée qui avait inspiré les décrets dictatoriaux du 22 janvier ? Il restait sans doute le droit d'appel, le recours en cassation ; mais n'était-il pas à craindre que les décrets fussent condamnés en cassation comme en appel ? La conduite du pouvoir témoigna qu'il ne voulait pas courir de tels risques : il ne mit ni hésitation ni retard à prendre sa résolution à cet égard ; il tourna le dos aux Tribunaux ordinaires pour saisir la juridiction administra-tive. Le conseil d'Etat avait été dissous le 2 décembre et recons-titué immédiatement, on pouvait compter sur le dévouement des hommes qui le composaient. Par un arrêté en date du 28 avril, M. le préfet de la Seine éleva le conflit. Voici le texte de cet arrêté :

« Nous, Préfet de la Seine,

» Vu la copie d'un exploit de Marécat, huissier à Paris, en date du 13 de ce mois, aux termes duquel les héritiers du feu roi Louis-Philippe ont assigné, à bref délai, devant la première Chambre du Tribunal civil de première instance de la Seine, M. le directeur général des domaines, pour voir dire que la prise de possession qui a été opérée, au nom de l'Etat, des domaines de Neuilly et de Monceaux, serait contraire au titre de propriété des requérants ; que ce serait sans droit que leurs agents auraient été expulsés, et qu'en conséquence lesdits requérants seraient main-tenus et gardés dans la possession des domaines dont il s'agit ;

» Vu le déclinatoire proposé par nous le 15 de ce mois, dans les termes de l'ordonnance réglementaire du 1er juin 1828, et tendant à ce que le Tribunal se déclarât incompétent ;

» Vu les conclusions prises dans le sens de ce déclinatoire par le ministère public ;

» Vu le jugement, en date du 23 de ce mois, par lequel, con-trairement à notre déclinatoire et aux conclusions ci-dessus visées, le Tribunal s'est déclaré compétent et a remis la cause à quinzaine pour être plaidée au fond ;

» Vu la lettre à nous adressée par M. le procureur de la République, en date du 27 de ce mois, et enregistrée au secrétariat de notre préfecture, le même jour, la dite lettre contenant envoi de copies du jugement et des conclusions sus-visées ;

» Vu les dépêches, en date des 14 et 27 de ce mois, par lesquelles M. le ministre des finances nous a invité, d'abord, à proposer le déclinatoire dont il s'agit, et ensuite à élever le conflit ;

» Vu, en outre ;

» 1° Le décret du 22 janvier dernier, déclarant nulle, comme contraire au droit public français, la donation faite sous réserve d'usufruit par le feu roi Louis-Philippe à ses enfants, et prononçant la restitution au domaine de l'Etat des biens qui en ont été l'objet, pour être vendus à la diligence de l'administration des Domaines ;

» 2° Un autre décret du 27 mars suivant, ordonnant la vente, au profit de l'Etat, entre autres biens, des domaines de Neuilly et de Monceaux, compris nommément dans cette donation et ayant fait retour au domaine en vertu du premier décret ;

» 3° Les lois des 15 et 16 floréal an X, réglant le mode de vente des biens nationaux dans le cas d'indivision avec les tiers ;

» Vu enfin :

» 1° L'art. 10, titre II, de la loi des 16 et 24 août 1790, portant :

» Les tribunaux ne pourront prendre directement ou indirectement aucune part à l'exercice du pouvoir législatif, ni empêcher ou suspendre l'exécution des décrets, etc.

» Et l'art. 13, disposant :

» Que les fonctions judiciaires sont distinctes et demeureront toujours séparées des fonctions administratives, et que les juges ne pourront, à peine de forfaiture, troubler, de quelque manière que ce soit, les opérations des corps administratifs pour raison de leurs fonctions ;

» 2° L'arrêté du gouvernement du 16 fructidor an III, faisant défense itérative aux tribunaux de connaître des actes d'administration, de quelque espèce qu'ils soient ;

» 3° Et les dispositions de l'ordonnance réglementaire du 1er juin 1828 ;

» Considérant que le décret sus-visé du 22 janvier a été rendu par le Prince-Président de la République dans toute la plénitude de sa puissance législative ;

» Qu'aux termes de l'article 58 de la Constitution, il a le caractère complet et doit avoir les effets de la loi ;

» Considérant que ce décret a prononcé d'une manière définitive la restitution au domaine de l'Etat des biens compris dans la donation du 7 août 1830, faite par le roi Louis-Philippe à ses enfants ;

» Que les domaines de Neuilly et de Monceaux sont nommément compris dans cette donation, et que, par un second décret du 27 mars, l'administration des domaines a été autorisée à en poursuivre l'aliénation dans les formes prescrites pour la vente des biens domaniaux ;

» Considérant que l'acte de prise de possession, au nom de l'Etat, des domaines dont il s'agit, n'est que la conséquence de l'exécution des decrets sus-visés ;

» Que toutes les mesures prises ou à prendre par l'administration pour parvenir à la vente de ces immeubles, rentrent exclusivement et essentiellement dans les attributions de l'autorité administrative ;

» Considérant que les tribunaux ne peuvent connaître, à aucun titre, des actes de gouvernement et d'administration ;

» Considérant que l'indivision pouvant exister à l'égard de ces biens ne fait point obstacle à ce que la vente en soit poursuivie, pour la totalité, par l'administration des Domaines, sans préjudice des droits des tiers, conformément aux lois des 15 et 16 floréal;

» Considérant dès lors que la demande formée par les héritiers du feu roi Louis-Philippe étant en opposition avec les décrets susvisés et tendant à entraver l'action de l'administration, le Tribunal, en se déclarant compétent, a contrevenu aux dispositions des lois qui défendent à l'autorité judiciaire de connaître des actes de gouvernement et d'administration, et violé le principe de la séparation des pouvoirs ;

» Par ces motifs, arrêtons :

» Art. 1er. Le conflit d'attributions est élevé dans l'instance actuellement pendante devant la première Chambre du Tribunal civil de première instance de la Seine, entre les héritiers du feu roi Louis-Philippe et le directeur général de l'enregistrement et des domaines, par suite du jugement du 22 de ce mois.

» Art. 2. Ampliation du présent arrêté sera déposée, avec les pièces ci-dessus visées, au greffe du Tribunal de la Seine, conformément à l'art. 10 de l'ordonnance sus-citée du 1er juin 1828.

» Fait à Paris, le 28 avril 1852.

» BERGER.

» Pour ampliation :

» *Le Secrétaire général de la Seine,*

» MERRUAU. »

Deux honorables avocats à la Cour de cassation et au conseil d'Etat, M. Mathieu-Bodet, que le gouvernement impérial recommandait, il y a quelques mois, comme son candidat, aux électeurs de la Charente-Inférieure, et M. Paul Fabre, dont il devait faire plus tard un avocat-général à la Cour de cassation, furent chargés de poursuivre l'annulation de cet arrêté de conflit. Ils produisirent d'abord un long et savant *Mémoire* auquel ils donnèrent pour épigraphe ces paroles de Napoléon 1ᵉʳ au conseil d'Etat :

« La propriété, c'est son inviolabilité dans la personne de
» celui qui la possède........ Moi-même, avec les nombreuses
» armées qui sont à ma disposition, je ne pourrais m'emparer
» d'un champ; car violer le droit de propriété dans un seul,
» c'est le violer dans tous. »

Les auteurs du *Mémoire* résumèrent ainsi les considérations qu'ils y avaient développées :

Nous avons successivement établi :

Que le décret du 22 janvier ne fait autre chose que formuler les prétentions de l'administration sur les biens qui ont fait l'objet de la donation du 7 août ; qu'il est simplement *déclaratif* et non *attributif* du droit; qu'il ne pourrait avoir, en effet, ce second caractère, sans être une *confiscation*, ce que repousse la volonté solennellement déclarée de son auteur;

Que, lors même qu'il serait une loi, les Tribunaux judiciaires auraient seuls qualité pour en faire l'application au litige actuel, qui est éminemment de leur compétence ;

Que la circonstance que cette loi aurait un caractère politique n'est pas de nature à restreindre les pouvoirs dont ces Tribunaux sont investis, la jurisprudence du conseil d'Etat sur les traités diplomatiques et les actes de Gouvernement étant d'ailleurs inapplicable à des droits de propriété qui reposent sur des titres privés ;

Que l'incompétence des Tribunaux judiciaires ne saurait non plus résulter de ce que l'administration des Domaines, en prenant possession de Neuilly et de Monceaux, aurait agi en vertu d'actes administratifs rendus pour l'exécution d'une loi, les actes d'exécution ne changeant en rien le caractère ni les effets de l'acte à exécuter ;

Que, dans tous les cas, l'action des princes de la famille d'Orléans, autant qu'elle se fonde sur des titres et des droits autres que la donation du 7 août, tels que la prescription et les contrats de mariage, et en tant qu'elle concerne la moitié indivise de Monceaux, leur provenant de la succession de Mᵐᵉ la princesse Adélaïde, et la portion de Neuilly acquise postérieurement à 1830, ne saurait être soustraite à la compétence de l'autorité judiciaire, par ce double motif : 1° Que ces titres et ces droits dérivent de causes étrangères que ce décret n'a pu ni voulu régir, ni même prévoir ; 2° Qu'en excipant de ces titres et de ces droits, les princes agissent comme de véritables tiers :

La défense se trouve donc complétement justifiée.

Les exposants espèrent en conséquence, de la justice du conseil d'État l'annulation de l'arrêté de conflit.

C'est dans sa séance du 15 juin 1852 que la section du contentieux fut appelée à statuer. Ce jour-là, ce fut M. Baroche qui la présida.

Le siége du ministère public était occupé par M. Maigne, maître des requêtes, commissaire du gouvernement, remplaçant M. Reverchon, qui avait noblement refusé de soutenir une cause que condamnait sa conscience, n'hésitant pas à faire à ses convictions le généreux sacrifice de sa carrière.

MM. Mathieu-Bodet et Paul Fabre étaient assis à la barre.

Le rapport fut présenté par M. Cornudet, conseiller d'Etat.

Me Paul Fabre, après ce rapport, commença ainsi sa plaidoirie :

Messieurs, c'est une simple question de compétence que vous avez à résoudre, et cependant cette cause tient en éveil l'attention publique et remue tous les sentiments du pays.

D'où vient cela? Pourquoi, dans votre audience, ordinairement si paisible, cette affluence inusitée ? Est-ce seulement la dignité des personnes qui élève cette cause, est-ce même seulement le noble intérêt que tout cœur bien placé accorde à des proscrits politiques, à des proscrits qui n'ont rien fait pour l'être ?

Non, Messieurs, il y a au fond de cette émotion générale autre chose encore. Il y a l'intérêt même de la question. Ordinairement les arrêtés de conflit vous demandent de donner au litige tel juge au lieu de tel autre, celui-ci vous demande de refuser tout juge à notre réclamation !

Or, il y a dans cette pensée, qu'un droit frappera vainement à toutes les portes, et que celles mêmes qui voudraient s'ouvrir pour lui seront condamnées à rester fermées; il y a, Messieurs, quelque chose qui, en tout temps, a profondément remué la conscience publique. C'est l'excommunication du moyen-âge, s'adressant à un droit au lieu de s'adresser à un homme ; c'est un droit brisé, car là où il n'y a pas de juges, il n'y a plus de droit.

Or, Messieurs, de toutes les dettes d'un Gouvernement envers le pays, la plus sacrée, c'est la justice : c'est à l'exactitude avec laquelle il acquitte cette première de toutes ses dettes, qu'un peuple, sous quelque régime qu'il vive, mesure la bonté de son Gouvernement. Il l'attend, pour ainsi dire, au premier litige qui le mettra en présence d'un citoyen lui disputant son champ ou sa maison.... Si le Gouvernement laisse à la justice son libre cours, l'épreuve est faite, il sera juste toujours. A ce que justice se fasse, un particulier peut perdre sa fortune, un Gouvernement fait toujours la sienne : alors même qu'il est condamné, il gagne plus qu'il ne perd, car, ce qu'il perd, c'est quelque chose de son trésor, et ce qu'il gagne, c'est la foi du peuple dans le jeu d'institutions fonctionnant avec indépendance ; c'est l'estime et le respect du pays, cette vraie force, ce vrai trésor des Gouvernements.

Tous les grands princes l'ont compris ; et l'un des plus grands avait raison de se sentir grandi encore par la menace que son voisin lui faisait des juges de Berlin.

Il s'agit donc ici d'un conflit exceptionnel, et, à ce titre, nous osons réclamer du conseil l'attention à laquelle sa bienveillance nous a depuis longtemps accoutumé.

La plaidoirie de M⁰ Paul Fabre porta surtout sur deux questions. L'arrêté de conflit interdisait aux Tribunaux de juger l'une aussi bien que l'autre. Aussi l'honorable avocat s'efforça-t-il de soutenir la compétence contestée à ce double point de vue :

Devez-vous interdire aux Tribunaux d'examiner si, de 1830 à 1852, les princes d'Orléans ont été légitimes propriétaires des biens qu'on revendique !

Devez-vous défendre aux Tribunaux de rechercher si, dans l'hypothèse même où les princes d'Orléans auraient été légitimes propriétaires la veille du décret, ils ont cessé de l'être par l'effet du décret lui-même.

Lorsqu'il se fut livré, à cet égard, à une discussion des plus brillantes, lorsqu'en invoquant l'histoire, la jurisprudence, les traditions même du régime impérial, il eut démontré que c'était à tort que le chef du pouvoir, soit qu'il eût voulu faire une loi, soit que, de sa part, il n'y eût eu qu'un acte de gouvernement, avait décidé que les biens donnés le 7 août 1830 par le roi Louis-Philippe à ses enfants devaient faire retour à l'Etat, M⁰ Paul Fabre adjura le conseil d'Etat de rejeter l'arrêté de conflit, parce que cet arrêté faisait dire au Président : « Je veux confisquer le » patrimoine de la maison d'Orléans ; — mais je veux confis- » quer sans le dire ; — je veux confisquer en paraissant ne

» faire que justice, et s'il faut pour cela remonter dans le passé,
» anéantir des pactes de famille, des contrats de mariage, des
» droits de tiers, des lois régulièrement promulguées, des lois
» faites par moi-même, je le fais !»

Mᵉ Paul Fabre termina ainsi :

Votre décision, Messieurs, va faire avancer ou reculer notre droit politique. Les révolutions ont, comme la guerre, leur droit public. Il se compose de précédents que ce siècle, hélas ! n'a fournis qu'en trop grand nombre ! — Ce droit va sans cesse avançant dans les voies de la civilisation comme le droit ordinaire.—Autrefois, l'enjeu perdu par les rois tombés, c'était leur tête.—Plus tard, ce n'étaient plus que leur liberté, leur patrie et leur fortune. Plus tard encore, on ne leur imposait plus que l'exil et l'obligation de vendre leurs biens de France. — Enfin, et tout près de nous (il faut le dire à l'honneur de la République de 1848), le Gouvernement nouveau se contentait d'un séquestre bientôt levé.

Il semblait que la civilisation eût fait quelques conquêtes sur ce domaine du droit révolutionnaire !—Votre arrêt va-t-il faire reculer les conquêtes de la civilisation ? — Va-t-il, en 1852, ressusciter la confiscation et créer la confiscation rétroactive ? — Il y a là une pensée faite pour préoccuper des hommes politiques tels que vous.

Messieurs, nous avons, dans le cours de cette plaidoirie, rencontré bien des précédents, soit pour les invoquer, soit pour les combattre. Qu'il nous soit permis, en terminant, d'en rappeler un duquel peut ressortir une utile leçon.

M. de Turin était président au Parlement de Paris du temps d'Henri IV. Le duc de Bouillon avait un procès pendant au Parlement. — Henri IV fit appeler M. de Turin. — J'ai, lui dit-il, des raisons politiques pour vouloir que le duc de Bouillon gagne son procès ; j'y tiens, je le veux !—M. de Turin lui répondit : — « Sire, la chose est simple, je vais vous envoyer les pièces et vous jugerez vous-même. »—Henri IV, Messieurs, avait une vivacité de caractère qui l'entraînait quelquefois hors du droit chemin ; mais il avait une droiture naturelle qui l'y ramenait toujours. — Henri IV comprit la leçon que contenait l'offre de M. de Turin ; il comprit qu'il n'y a plus de juge quand le pouvoir politique se fait juge. Il laissa juger l'affaire au Parlement, et j'ignore si M. de Bouillon gagna son procès.

Messieurs, vous ne ferez pas au pouvoir politique l'offre ironique que lui faisait M. de Turin ; mais vous renoncerez en son nom, à l'exemple d'Henri IV, à peser sur la justice. C'est là, en définitive, tout ce que nous vous demandons.

Le conseil d'État rendit le décret suivant :

Napoléon. . . . . , ...
. . . .

« En ce qui touche les portions du domaine de Neuilly qui auraient été acquises par le roi Louis-Philippe depuis son avénement au trône, et la partie du domaine de Monceaux qui aurait appartenu par indivis à feue la princesse Adélaïde d'Orléans;

» Considérant que les acquisitions qui auraient été faites par le roi Louis-Philippe depuis son avénement au trône et annexées au domaine de Neuilly, ainsi que la partie du domaine de Monceaux qui aurait appartenu par indivis à feue la princesse Adélaïde d'Orléans, n'ont point été l'objet de la donation du 7 août 1830, et conséquemment ne sont pas comprises dans la restitution ordonnée par le décret du 22 janvier 1852 ; que dès lors, en cas de contestation, les questions relatives à la propriété de Neuilly et de Monceaux sont, conformément aux règles du droit commun, de la compétence des tribunaux ordinaires ;

» Considérant que la question de savoir si les lois des 15 et 16 floréal an X continuent d'être en vigueur, et sont applicables aux propriétés indivises entre l'Etat et les héritiers d'Orléans, n'est pas de celles dont la connaissance est réservée au Conseil de prefecture par l'article 4 de la loi du 28 pluviose an VIII.

Le conseil d'Etat entendu, décrète :

Art. 1er. — L'arrêté de conflit susvisé du Préfet de la Seine est confirmé, en tant qu'il s'applique aux parties du domaine de Neuilly et de Monceaux, qui sont l'objet de la donation faite le 7 août 1830, par le roi Louis-Philippe à ses enfants.

Il est annulé, en tant qu'il aurait pour objet de dessaisir l'autorité judiciaire de la connaissance des questions relatives aux portions du domaine de Neuilly qui auraient été acquises par le roi Louis-Philippe après son avénement au trône, et à la portion du domaine de Monceaux ayant appartenu à feue la princesse Adélaïde.

Art. 2. — Sont considérés comme non avenus, en ce qu'ils ont de contraire au présent décret : 1º La requête au président du Tribunal civil de la Seine du 13 avril 1852, et l'ordonnance rendue sur ladite requête ; 2º l'exploit introductif d'instance du même jour ; 3º les conclusions des demandeurs ; 4º le jugement du Tribunal civil de la Seine du 25 avril 1852.

Dire les débats qui eurent lieu au sein de la section du contentieux du conseil d'Etat, avant que ses membres se missent d'accord sur la décision qu'ils allaient rendre, nous éloignerait trop de notre cadre ; nous n'avons donc pas à l'indiquer ici.

Le travail d'analyse auquel nous venons de nous livrer n'a eu d'autre but que de réunir et de résumer un assez grand nombre de matériaux pour que le public pût apprécier le caractère des décrets du 22 janvier 1852. Tout ce que nous voulons dire à cette occasion, c'est que ce fut la voix de la politique bien plus que l'autorité de la loi qui domina toutes les protestations qui s'étaient fait entendre. Le conseil d'Etat parut sanctionner les décrets, parce que les contester c'eût été, selon lui, affaiblir, ébranler peut-être le pouvoir qui les avait rendus ; mais pour cela il dut pour la première fois accepter un principe que, pendant cinquante ans, on avait vainement cherché à lui faire admettre. Il y avait dans sa jurisprudence, en matière de propriété, une unité qui l'honorait : jamais une question de propriété privée, une question de propriété immobilière n'avait été soustraite par lui aux Tribunaux, dans quelque circonstance que ce fût ; toujours il avait refusé au pouvoir administratif, au pouvoir politique, le droit d'en connaître. Il n'y a que des juges civils pour la propriété privée. Ni les allures militaires du premier Empire, ni les préoccupations de parti de la Restauration, ni les expédients peut-être auxquels le gouvernement de Louis-Philippe avait été quelquefois réduit, rien de tout cela ne l'avait fait dévier. On ne trouvait pas dans ses archives une seule décision qui eût dans le passé enlevé une question de propriété immobilière à la connaissance des Tribunaux. Le 15 juin 1852, il fonda une jurisprudence contraire. Au risque d'exposer la société au plus terrible danger qu'elle puisse courir, il admit qu'une question de propriété pouvait être livrée à l'appréciation du pouvoir.

C'est en cet état que M. Degouve Denuncques a pris l'affaire des décrets du 22 janvier. Il ne s'agit plus sans doute aujourd'hui de renvoyer cette affaire devant les Tribunaux, qui seuls auraient dû en connaître ; la justice ordinaire, dessaisie par le conseil d'Etat, n'a plus à la reprendre là où le jugement du Tribunal de première instance de la Seine, qui s'était déclaré compétent, l'avait laissée. Comme elle a été jugée politiquement, c'est à une juridiction politique qu'elle peut seulement être déférée. Voilà pourquoi M. Degouve Denuncques s'est adressé au Sénat ; pour justifier son intervention, il a fallu qu'il reconnût aux décrets du 22 janvier le caractère d'une loi. C'est de cette loi qu'il demande l'abrogation. Le Sénat serait lui-même dans son droit en réclamant cette abrogation. Nous disons qu'il le peut ; nous ajouterons qu'il le devrait dans l'intérêt du gouvernement lui-même. Il ne faut pas que ces décrets rendus contre les princes de la maison d'Orléans, demeurent plus longtemps inscrits au compte du Prince en la personne duquel la dignité impériale a été rétablie chez nous. Il ne le faut pas dans l'intérêt de Napoléon III, et nous espérons que le Sénat n'hésitera pas à mettre d'accord, à cet égard, sa décision avec le sentiment public. Il le faut encore moins dans l'intérêt de la France, qui, si elle eût pu être consultée sur une pareille question, eût certainement répondu à une immense majorité : « Respect à la propriété ! Respect au malheur ! »

Mars 1869.

— ∘○∘ —

Paris.—Imprimerie de E. BRIÈRE, rue Saint-Honoré, 257.

www.ingramcontent.com/pod-product-compliance
Ingram Content Group UK Ltd.
Pitfield, Milton Keynes, MK11 3LW, UK
UKHW021737090726
13657UKWH00002B/762